Cassandra at point-blank range

Sandra Moussempès

Translated from the French by

Carrie Chappell

&

Amanda Murphy

DIÁLOGOS
NEW ORLEANS
DIALOGOSBOOKS.COM

Cassandra at point-blank range
Sandra Moussempès
Translated by Carrie Chappell and Amanda Murphy
Original publication: *Cassandre à bout portant,* © Flammarion, 2021
Translation © Carrie Chappell, Amanda Murphy, and Diálogos Books, 2025. All rights reserved. No part of this work may be reproduced in any form without the expressed written permission of the copyright holders.
Cover photo: "Elaine the Lily-Maid of Astolat," by Julia Margaret Cameron, 1874, Public Domain.
Book design: Bill Lavender

Publisher's Cataloging-in-Publication Data
Names: Moussempès, Sandra, 1965- , author. | Chappell, Carrie, translator. | Murphy, Amanda, translator.
Title: Cassandra at point-blank range / Sandra Moussempès ; translated by Carrie Chappell & Amanda Murphy.
Other titles: Cassandre à bout portant. English.
Description: New Orleans, LA : Diálogos, 2025. | Summary: This poetry collection follows women's voices through haunted spaces and disjointed timelines, from mythological characters to women artists, writers, and poets from ancient to modern times, as they seek access to ancestry, reality, and identity.
Identifiers: LCCN 2025930238 | ISBN 9781956921465 (pbk.)
Subjects: LCSH: Poetry, Modern – 21st century. | Mythology – Poetry. | Women – Poetry. | LCGFT: Poetry. | BISAC: POETRY / European / French. | POETRY / Women Authors.
Classification: LCC PQ2673.O966 C37 2025 | DDC 841--dc23
LC record available at https://lccn.loc.gov/2025930238

DIÁLOGOS
DIALOGOSBOOKS.COM

Acknowledgements

Thank you to the editors of the following literary journals in which versions of some of these translations first appeared.

Denver Quarterly: "Contents of a knife" and "Repainting a sentence fragment"

Four Way Review: "Unidentified feminine objects," "Cindy Syndrome (Support group nearing vocal extinction)," and "Writing time (and on the expression 'to turn the page')"

Plume: "The similarity of hair" and "Human pool"

Transat': "Soundscape of Venice Beach" and "Cassandra at point-blank range"

Cassandre à bout portant

Objets féminins non identifiés

Objets féminins non identifiés	18
La similarité des chevelures	20
Le cloître	24
Doublures	26
L'atelier dédié à la réappropriation des miroirs	28
Héroïnes	30
La vivacité d'esprit n'est pas un sentiment facile à photographier	32
La dictature du Happy End	34
Syndrome Cindy	
(Groupe de parole en voix d'extinction)	36
Bague bleue projetée dans ses propres poussières pailletées	40
Photographie de neige fondue	42
Variation Dickinson	44
Miroir vocal	46
Infiltration théorique	52
Virgin suicide	
(Lithium girls)	58
Une des sœurs ayant repéré une paire de ciseaux	62

Groupe symétrique d'émotions simultanées

Chemin de croix érotique	76
Trois maisons	92

Ciseaux & ciel nocturne

Retour au poème	104
Présent circonstanciel	106
Ciseaux & ciel nocturne	110
Tube luminescent	112
Nuage nocturne	114
Arbre vert	118

Cassandra at point-blank range

Translators' Note	xi

Unidentified feminine objects

Unidentified feminine objects	19
The similarity of hair	21
The cloister	25
Doubles	27
The workshop dedicated to the re-appropriation of mirrors	29
Heroines	31
A lively spirit is not an easy feeling to photograph	33
The dictatorship of the Happy Ending	35
Cindy Syndrome (Support group nearing vocal extinction)	37
Red ring projected in its own shimmery shower of dust	41
Photograph of melted snow	43
Variation Dickinson	45
Vocal mirror	47
Theoretical infiltration	53
Virgin suicide (Lithium girls)	59
One of the sisters having spotted a pair of scissors	63

Symmetrical group of simultaneous emotions

Erotic stations of the cross	77
Three houses	93

Scissors & nighttime sky

Return to the poem	105
Circumstantial present	107
Scissors & nighttime sky	111
Luminescent tube	113
Nocturnal cloud	115
Green tree	119

Visage vide rose

Les veillées de l'être	124
Décorum	126
Le choix d'un homme	132
Le poème prolixe	134
La porte vivante	138
Processus	140
La fille en polyester	144
Self-ermitage	150
Persona	152
Miroir rouge	156
Langage & sécateur	158
Forêt de tissus enneigés	162
Métronome	166
Visage vide rose	168

La maison des phrases liquides

Kidnapping	174
Sillon & balayette	180
Forêt de voix	182
Les chaussures d'existence	184
Chaise ou rêves	186
Le temps de l'écriture (et sur l'expression « tourner la page »)	188
Cils pendant l'orage	194
Toxic affair	198
Modèles réduits de miroirs rouges	200
Contusion amoureuse	206
La femme qui voulait se changer en ciseaux	208

Cassandre à bout portant

Contenu d'un couteau	214
Maison hachoir	218
Sirènes perfusées (auto-démontables)	220
Piscine humaine	222
Repeindre un fragment de phrase	224

Blank pink face

The vigils of being	125
Decorum	127
A man's choice	133
The long-winded poem	135
The living door	139
Process	141
The girl in polyester	145
Self-hermitage	151
Persona	153
Red mirror	157
Language & pruning shears	159
Forest of snowy tissue	163
Metronome	167
Blank pink face	169

House of liquid sentences

Kidnapping	175
Furrow & whisk broom	181
Forest of voices	183
The shoes of existence	185
Chair or dreams	187
Writing time (and on the expression "to turn the page")	189
Eyelashes during the storm	195
Toxic affair	199
Downsized models of red mirrors	201
Loving bruise	207
The woman who wanted to become scissors	209

Cassandra at point-blank range

Contents of a knife	215
Chopping house	219
Infused sirens (self-collapsible)	221
Human pool	223
Repainting a sentence fragment	225

Histoire sonore de Venice Beach

Cils partageant un tableau de maître	230
Crédibilité	234
Histoire sonore de Venice Beach	236

Folie et véranda

Cassandre amplifiée	244
Radiateur-crème de miroir-objets pensifs	246
Vie et mort de la nourriture secondaire d'une sirène	248
Folie et véranda	250
Graphiques sonores et taille de guêpe	252
Prosodie de l'accueil	254
Prison-vortex	256
Statuette dansante	258
Poésie-lévitation	260
Rivière d'éther	262
Manège empirique	264
Lilith et Cassandre encastrées	266

Épouses et formes de décibels

Cérémonie sans miroirs	270
Essai sur la nature d'une épouse fantôme (Chorégraphie)	276
Cassandre à bout portant	280
Valentine's day moins 1	282
Ce que je vois de toi même si tu es un homme	284
Script du visible (Le musée des possibles)	286
Jalousie sans jalousie (Poème objectif)	288
Auto-biographie du manque	290
Terminaison nerveuse & somnambulisme	292
La vierge au miroir	296

Soundscape of Venice Beach

Lashes sharing a masterpiece	231
Credibility	235
Soundscape of Venice Beach	237

Madness and veranda

Cassandra amplified	245
Cream-radiator of pensive mirror-objects	247
Life and death of the siren's secondary supply	249
Madness and veranda	251
Sound graphics and hourglass figure	253
Prosody of welcome	255
Prison-vortex	257
Dancing statuette	259
Poetry-levitation	261
River of ether	263
Empirical merry-go-round	265
Lilith and Cassandra encased	267

Spouses and decibel forms

Ceremony without mirrors	271
Essay on the nature of a phantom spouse (Choreography)	277
Cassandra at point-blank range	281
Valentine's day minus 1	283
What I see of you even if you are a man	285
Script of the visible (Museum of possibilities)	287
Jealousy without jealousy (Objective poem)	289
Auto-biography of absence	291
Nerve ending & somnambulism	293
The virgin in the mirror	297
Author and Translator Bios	298

Translators' Note

We approached the translation of Sandra Moussempès' *Cassandre à bout portant* with an understanding that this text, in its imagistic and narrative potions, beckoned to be translated into English. The poems breathe in a collective consciousness born of American landscapes – Santa Monica beaches, Beverly Hills, occult mansions of the 70s, college quads, and Hollywood screens. Moussempès, who has described herself as having needed but having been long-alienated from the work of her sisters, now writes to and with the cult female body made immortal by English-speaking artists such as Mary Shelley, Elizabeth Barrett Browning, Emily Dickinson, Virginia Woolf, Sylvia Plath, and Cindy Sherman. It was this plurality of voices, already conjured by the poet herself, that led us to interpret the continued life of Moussempès' book as one that demanded to be haunted by a translative plurality. In this way, our co-translation aims to embody a Moussempèsian atmospherics; given to multiplicities, etherealities, diverging and uniting textualities, or, to borrow from the poet, a "forest of voices."

As co-translators, our desire has been to work in solidarity and sorority. Out of our readings, resonance within our minds and bodies turned translation into an ekphrastic, even ecstatic practice, opening new spaces for others to receive the previously unseen, unheard, or what the French calls *"l'inédit."* Without inscribing prescriptive feminist discourse, *Cassandre* subtly calls readers, and has called us as translators, to be attentive to the power dynamics at play in language, in the representation and performance of gender roles. On many occasions, we chose to translate the French pronoun *"on"* by the English "we," rather than choosing an impersonal pronoun, in an attempt to render evident the latent community of women that lives between the lines.

L'inédit of Moussempès' poetry, and the main challenge for translation, lies in the clinical surrealism of her images, the unforeseen twists and turns of the line that bring us into unknown spaces, which we must then reproduce. In doing so, we have tried not to cede to the

tyranny of "cohesiveness" but have let the strangeness/foreignness (*l'étrang(èr)eté*) linger. In translating "*visage vide rose*" as both "blank pink face" and "pink and empty face," for example, we have hoped to add slant, dimension to the text, and thus to respect the indeterminacy of the original. In translating "*bague bleue*" as "red ring" we have given privilege to sound, maintaining the alliteration, all the while galvanizing the line into a slightly different mood that remains, nonetheless, tangent to that of the original.

In other cases, when Moussempès' phrases skewed the contours of "ready-made" imagery, we attempted to superimpose language that was related, but not literally invoked, in order to salvage the edge of her critique. This is how the energy of the technological and ingrown in "*Entre-soi lecture-réseau*" became "Echo-chamber reading-grid" and the spirit of the futile and monotonous in "*comme la marche accélérée sur un tapis de fitness*" became "like power walking on a treadmill." At other moments, layers of sense woven in the French created tensions, cognizant risks in the "carrying over" to English. Moussempès' "*seul vers solitaire*" for example, could not, in English translation, achieve at once a reference to the material of poetry, "verse," and to the common noun in French for "tapeworm." Often, then, in order to bolster the schema of Moussempèsian imagery, we prioritized the gritty, granular, even guttural level of metaphor or word-play with a trust that "the literary" would not go overlooked by the reader as primordial form for such deposits. Allowing English language readers the relief of these contemporary and simplified instants appealed to our own levels of relief in arriving at such pairings. These choices seem, in their refraction, to sustain Moussempès' dark humor and to further her denunciation of the ways in which *the feminine* has become suffocated by its assignment to superficial orders.

Readers of the English translation will experience paragrammatical syntax, as French language readers have, the poems incontrovertibly breaking down the structures of "ordinary" expression. As readers meander toward meaning, they will experience a splintering of the familiar in the images presented, an effect we have attempted to distill

while sometimes leaning into our own senses of distortion from within the machinery of English. In cases of extreme ambiguity, input from the poet was also sought, without requesting "explanation" for turns of phrase designed to defamiliarize language, recalibrate tropes, or deny the solace of cliché.

Raw and rigorous, Moussempès' approach to language, which rejects poetry as a precious world and sees it rather as an empowering universe, is ever more essential in today's world and in English. Through her words, women can coin themselves and their own reality. As allies in the endeavor, we have translated her text in minding this promise to women's voices.

Carrie Chappell and Amanda Murphy

Paris, February 2025

Cassandre à bout portant

Ce que je redoute le plus, je crois, c'est la mort de l'imagination. Quand le ciel, dehors, se contente d'être rose, et les toits des maisons noirs : cet esprit photographique qui, paradoxalement, dit la vérité, mais la vérité vaine, sur le monde.
—Sylvia Plath

Qui l'aurait cru ?
En l'effaçant,
en l'effaçant,
vous ciselez ce visage dans mon coeur.
—Kim Hyeonseung

Nobody's Here But Me
—Cindy Sherman

Cassandra at point-blank range

What I fear most, I think, is the death of the imagination. When the sky outside is merely pink, and the rooftops merely black: that photographic mind which paradoxically tells the truth, but the worthless truth, about the world.
 —Sylvia Plath

Who would have thought?
In erasing it,
in erasing it
you carved this face into my heart.
 —Kim Hyeonseung

Nobody's Here But Me
 —Cindy Sherman

Objets féminins non identifiés

Unidentified feminine objects

Objets féminins non identifiés

Des princesses filmiques échappées d'un couvent orienté à l'Est savent depuis longtemps jusqu'où elles peuvent aller

Elles se sont réfugiées dans une maison hantée, abandonnée depuis 1972, fatiguées d'avoir marché des heures dans la forêt, elles savent à présent qu'à tout moment le récit peut s'arrêter

Le film peut se dématérialiser, elles rentreront alors dans leur famille aisée de Beverly Hills ou dans un de ces lotissements luxueux de Santa Monica en bordure de mer

Pour le moment elles mâchent du chewing-gum à la fraise sauvage, écoutent du Dubstep en se trémoussant dans un couloir mordoré, allongées sur de vieux matelas posés à même le sol poussiéreux

Il reste sur la table de la cuisine des corn-flakes figés depuis 1972, la boîte est recouverte de toiles d'araignée, les énoncés publicitaires ont gardé les couleurs passées de l'époque

On pressent quelque chose de vaporeux dans l'atmosphère, des ectoplasmes à la recherche de leur histoire, des corps qui essayent de s'infiltrer dans d'autres corps.

Nous ne savons pas ce qui se trame ici, toute explication serait incomplète devant l'ampleur des débats invisibles, les voix off s'entremêlent :

—Où se trouvent les souvenirs dont tu ne te souviens pas ?

Unidentified feminine objects

Cinematic princesses escaped from an Eastward facing convent have long known the limits of where they can go

Fatigued from hours of forest walking, they take refuge in a haunted house, abandoned since 1972, they know that at any moment the story could stop

The film could disintegrate, and they will go back to their well-to-do families in Beverly Hills or to one of the luxurious subdivisions of Santa Monica by the sea

For the moment they chew their wild strawberry bubblegum, listen to Dubstep while gyrating in a bronze hallway, lying on old mattresses spread atop the dusty floors

Corn flakes caked on the kitchen table since 1972, the box is draped in spider webs, the advertisements hold the faded colors of the time

We sense something vaporous in the atmosphere, ectoplasms searching for their story, bodies trying to infiltrate other bodies

We do not know what is being woven here, any explanation would be incomplete before the enormity of invisible debates, the voice-overs intermingle:

—Where are the memories of which you have no memory?

La similarité des chevelures

Une maison se détache du reste de la forêt, vidée de ses occupants depuis des siècles

Un lustre se balance, prêt à se détacher du plafond

Je voudrais réduire l'image, la recadrer, mais je n'arrive pas à ouvrir le fichier sur l'état des lieux, il semble que ce moment ne soit pas archivé

Des ensembles structurels se devinent, un contexte sociétal omniprésent, une langueur plus empirique que théorique viendra enluminer tous les écrans de la salle extérieure

La chevelure de l'une couvre le corps de l'autre, certains corps sont emboîtés, les souffles se répandent dans la pièce

Voici la sensation principale dans cette bourgade middle-class : rien ni personne n'est vraiment certain de ce moment mais les choses vont reprendre leur cours, concepts et rideaux fleuris pour tout bagage

On demandera aux étudiantes d'être prudentes en sortant, on leur expliquera qu'un rôdeur s'introduit dans les chambres du campus

Certaines recrues se souviennent de moments sectionnés dans leur mémoires archivées

Des morceaux de discussion sont enregistrées par de vieux magnétophones dont on retrouve des traces sonores quelques années plus tard :

The similarity of hair

A house stands out from the rest of the forest, emptied centuries ago of its occupants

A chandelier sways, ready to detach itself from the ceiling

I would like to reduce the image, reframe it, but I can't manage to open the file on the state of affairs, it seems this moment has not been archived

Structural ensembles can be mapped, an omnipresent societal context, an inertia more empirical than theoretical will come illuminate all the screens in the outdoor room

The hair of one covers the body of the other, some bodies are locked together, breaths scatter throughout the room

This is the main feeling in this middle-class town: nothing nor anyone is truly sure of this moment, but things pick up again, concepts and flowered curtains for any baggage

Female students will be told to be prudent when they go out, we'll explain that a prowler has been going into bedrooms on campus

Some recruits recall moments sectioned off in their archived memories

Bits of conversation are recorded by old tape recorders of which we find the sound traces a few years later:
—"I had long hair that never fell in soft curls or in streaks of golden light, I preferred filming that of princesses, camera in hand from my pre-nuptial bedroom"

—« J'ai eu de long cheveux qui jamais ne tombaient en boucles souples ou en jets de lumière dorée, je préférais filmer ceux des princesses, caméra au poing depuis ma chambre pré-nuptiale »
—« Elles marchaient toujours dans une forêt de sapins géants, vert foncés, d'où nulle fille blonde ne sort indemne »

Je me souviens d'un tableau figuratif dans un salon en friche avec des personnages prêts à sortir du cadre

Des jeunes filles en train de dormir, pelotonnées l'une contre l'autre, dans leurs chandails, qui ressemblaient à des princesses hippies encerclées de feu
                        parfois la maison brûlait

Les rushs furent laissés à l'abandon dans un hangar, les héroïnes filmiques invoquant des entités revenues de vies antérieures parmi leur camarades
                —enrobées d'une matière cotonneuse—

Si elles ont fait vœux de chasteté ou si la luxure les attire ici, elles peuvent entrer

Elles sont finalement réapparues dans la maison abandonnée, petite décompensation salutaire après avoir obtenu leur diplôme de fin d'année en tenue de pom-pom girl

Cette diversion indique des capacités vocales exceptionnelles ou permet de nager dans une rivière pailletée

Elles n'ont pas vu ce qui, dans une propriété privée ordonnant par un panneau géant, Défense d'Entrer, peut alerter sur une impossibilité future à quitter les lieux

—"They always walked in a forest of giant pines, dark green, from which no blond girl ever came out unscathed"

I remember a representational painting in a fallow room with figures about to step out of the frame

Young girls sleeping, curled up against each other, in their knit sweaters, looking like hippie princesses encircled by fire
                sometimes the house was burning

The rushes were left to abandonment in a hangar, the cinematic heroines invoking entities back among their sisters from previous lives
                —enrobed in fluffy material—

Whether they have taken an oath of chastity or lust lures them here, they may enter

They have finally reappeared in the abandoned house, a little salutary decompensation after having received their end-of-the-year diplomas in pom-pom girl attire

This diversion indicates exceptional vocal capacities or allows one to swim in a glittery river

They have not seen what, on a private property ordering by way of a giant DO NOT ENTER sign, might alert them to a future impossibility of leaving the premises

Le cloître

Le tableau penche toujours mystérieusement

Un groupe d'étudiantes prend la place des starlettes hippies oubliées dans l'ultra conscience des jours suivants

Comme dans une réunion AA (en 12 étapes) ou un congrès évangéliste elles susurrent leur prénom en cœur avec un niveau vibratoire jamais atteint mais ne tombent pas dans les pommes

Elles ne sont pas prêtes non plus à scintiller dans le vide ni à se mouvoir en bikini, à parcourir des mètres de pensées, entre souvenirs au scalpel et domicile psychique préfabriqué

De même que le strass est additionnel, un stress supplémentaire engendre une multitude d'autres stress post-traumatiques

Par exemple, un coffre de magie noire offre des cercles mordorés à croiser simultanément sans qu'ils ne se frôlent mais ils s'entrecoupent

Ou bien les formes circulaires d'un état à un autre s'enfilent comme les perles d'un lustre qui tanguerait dangereusement au-dessus d'un bal sans invités

The cloister

The painting is always mysteriously leaning

A group of female students takes the place of the hippy starlets forgotten in the heightened awareness of the days that followed

Like in an AA meeting (in 12 steps) or an evangelical convention, they whisper their names in unison at a vibrational level never before attained but manage not to faint

They are not ready to glisten in the void either or to move in their bikinis, to go over meters of thoughts between scalpeled memories and prefabricated psychic homes

Just as spangles are additional, a supplementary source of stress begets a multitude of other post-traumatic stresses

For example, a black magic chest offers up bronze circles to cross simultaneously without letting them brush against each other though they intersect

Or else the circular forms from one state to another line up like the pearls of a chandelier swaying dangerously above a ball without attendees

Doublures

Nous sommes des créatures forgées dans du ciment

Poupées ou cadenas

(assemblement hypothétique de petite formes condensées)

L'interlocutrice blonde nous attend   se tord sur le sol mauve

Toute une nuit puis tout un jour   recroquevillée dans un espace clos

Femme devenue brune ou rousse sur moquette orange aux motifs ambivalents

Dont l'intuition se devine à une symphonie (pour absentes clonées)

Doubles

We are creatures forged in cement

Dolls or padlocks

(hypothetical assemblies of small condensed forms)

The blond hostess waits for us   squirms on the mauve floor

All night long then all day   curled up in a closed space

A woman who has become brunette or redhead on orange carpet with ambivalent motifs

Whose intuition is spelled out in a symphony (for cloned absentees)

L'atelier dédié à la réappropriation des miroirs

« Je suis prête » dit-elle, nue sous la nuisette rose bonbon, bandage au poignet

Combiné téléphonique sur le sol induisant l'enroulement du fil sur lui-même

La conversation d'un film fantôme est enregistrée

       —parler dans le vide est une sinécure—

Cette voix grave et modulable se cogne aux blocs de ciments sous les murs habillés de papier peint

« C'est une caméra obscure qui me guide »
« Vous êtes donc la femme en question ? »
« J'ai longtemps habité une pièce rectangulaire, je ne sortais pas de cette chambre »
« Je voulais choisir mon propre langage sans être dérangée pour assembler les mots réparés »

The workshop dedicated to the re-appropriation of mirrors

"I'm ready" she says, naked under a candy pink negligée, a bandage on her wrist

Telephone receiver on the floor inducing the curling of the cord over itself

The conversation of a ghost film is recorded

—speaking into the void is a sinecure—

This deep and modulable voice hits the cement blocks underneath the walls dressed in wallpaper

"It's a camera obscura that's guiding me"
"So you're the woman in question?"
"I lived for a longtime in a rectangular room, I never left that room"
"I wanted to choose my own language without being bothered to assemble the repaired words"

Héroïnes

Lilith, Iphigénie, Emily, Cindy, pleines de grâce qui êtes aux cieux

Offrent leurs visages à leurs quatre doublures aux prénoms
    modifiés
                    (ré-encodées ici par des voix fluettes)

Posture à même le sol   entravant son angle de perception
Robe de chambre rose fantôme   dès que les non-dits ont repris
    du poil de la bête
Mascara sous les yeux   preuve des paroles photographiées

Petites phrases étendues sur le sol tout près de l'actrice embaumée

« Dans ce cas, il faut l'évincer, nous conviendrons d'une heure, il
    faudra vous munir d'un outil, une arme blanche ou un protocole
    social »
« Sa meilleure facette était son goût immodéré pour les cookies à
    la violette »
« Je ne veux pas que tu pleures je veux que tu tournes en boucle
    comme ce passage vu et revu de la scène des deux femmes qui
    ne se connaissent pas mais se rencontrent pour la millième fois »

Heroines

Lilith, Iphigenia, Emily, Cindy, full of grace who art in heaven

Offering their faces to their four doubles with changed names
                 (re-encoded here by willowy voices)

A pose on the bare floor   obstructing her angle of perception
Ghost-pink dressing gown   as soon as the unsaids have
   regained their composure
Mascara under her eyes   proof of photographed words

Small sentences heard on the ground right next to the embalmed actress

"In that case, she must be ousted, we'll agree on a time, you must bring a tool, a cold weapon or a social protocol"
"Her best trait was her immoderate love of violet flavored cookies"
"I do not want you to cry I want you to spin in circles like in this passage seen again and again on a stage set for two women who do not know each other but who meet for the thousandth time"

La vivacité d'esprit n'est pas un sentiment facile à photographier

Cette façon dématérialisée de te tenir couchée sur la moquette épaisse suggère une appartenance corporelle

Je composais le numéro inlassablement jusqu'à ce que personne ne décroche

La doublure photographiée par son modèle devient plus tard elle-même une photographe célèbre qui exigera une demande en mariage avec une tige de métal pour écrire sa liste de constatations

A lively spirit is not an easy feeling to photograph

This dematerialized way of staying lying down on thick carpet suggests bodily belonging

I incessantly dialed the number until no one picked up

The double photographed by her model later becomes a famous photographer herself who will insist on a marriage proposal with a metal rod to write her list of observations

La dictature du Happy End

Des robes blanches en attente
Décimées au détriment d'autres robes blanches enfilées

Une seule affinité commune

Exacte réplique d'une véranda grand standing
Dont les invités rêvent d'emboutir les vitres

The dictatorship of the Happy Ending

White dresses in waiting
Decimated to the detriment of other white dresses worn

A single common affinity

Exact replica of an elegant veranda
Whose windows the guests dream of crashing through

Syndrome Cindy
(Groupe de parole en voix d'extinction)

Cindy
Je suis contente que tu me proposes d'être toi j'ai d'abord pris ça pour une vampirisation énergétique (mascarade des temps modernes) telle une caverne d'Ali Baba pleine de ciment recevant ses notifications au marteau-piqueur mais tu ne fais pas partie de ces passives agressives dont personne ne se souvient je possède déjà ta voix un jour j'aurai accès au royaume des Olympes par une aile phonétique

Cindy
Sa tessiture est à présent congelée dans le Muséum des voix célèbres après avoir séjourné dans une boite évidée, un magnétophone datant de 1972, ces machines aux airs de coffre fort dont j'ai gardé des K-7 inaudibles (je me souviens des fines bandes magnétiques que je rembobinais avec l'index), entre la touche forward et advance on peut percevoir l'accélération du temps, « noise reduction » devient retour dans le futur

Cindy
Je m'étais présentée la chose comme ça, Cindy s'égosille a traduire une autre Cindy à la voix plus douce (Cindy bis clonée lors d'un marathon d'ectoplasmes ou s'étaient retrouvées ses copines paranormales) Cindy en deux exemplaires à une différence près que l'une re-dresseuse de tord et l'autre chanteuse éthérique avaient eu l'idée de faire un gâteau informe ressemblant à Cindy bis dont on ne sut jamais si elle en gava les petites oies déconfites ou mendia quelques miettes devant la porte d'entrée

Cindy
Il est bon de fuir la condescendance à minuit en souliers de verre

Cindy Syndrome
(Support group nearing vocal extinction)

Cindy

I'm happy you've offered to let me be you at first I took it for a vampirization of energy (a modern day masquerade) like Ali Baba's cave full of cement receiving its notifications by way of jackhammer but you are not one of those passive aggressive people no one remembers I already possess your voice one day I'll have access to the kingdom of Olympus through a phonetic wing

Cindy

Her tessitura is currently frozen in the Museum of Famous Voices after sojourning in an empty box, a tape recorder from 1972, those machines that look like safes whose inaudible cassettes I've kept (I remember the thin magnetic strips I would rewind with my index finger), between the fast-forward and advance buttons we can sense the acceleration of time, "noise reduction" becomes back to the future

Cindy

I presented the thing to myself like that, Cindy spluttering over the translation of another Cindy with a softer voice (Cindy 2 cloned during a marathon for ectoplasms where her paranormal friends had met) Cindy in two copies with one small difference that one righter of wrongs and the other ethereal singer had the idea of making a shapeless cake that looked like Cindy 2 we will never know if she force-fed it to discomfited geese or begged for crumbs of it at the front door

Cindy

It is good to flee condescendence at midnight in glass slippers even

même si la route est boueuse je n'ai pas forcé le trait face B mélangée aux préceptes et aux pilules d'un autre côté face A métallique me sert de broderie anglaise pour aiguille king size, recoudre une poupée d'exorciste en sons et chiffon fera l'affaire

Cindy
Cindirella dans son carton d'emballage se hisse sous la cinquième roue du carrosse s'en veut d'avoir mal ficelé son projet cette nouvelle définition de l'ambivalence autour du prénom Cindy amputé de deux syllabes coupe-papier dans la bouche renaître avant minuit de ses cendres est un oracle en immersion merci de donner la notice d'entretien pour monter en grade dans son cœur quand la fillette fantôme maudit son packaging à l'intérieur d'elle-même il faudrait lui fournir en plus du kit de survie une expression comme *à la sauvette*

Cindy
Ces fleurs accrochées sur le dos du nénuphar je pourrais les repiquer de bleuets mon histoire s'y prête mi sorcière mi orangeade pétillante avec un poinçon mordoré qui te conditionne sous vide mais être là pour proférer le feu des banalités quand du poème surgit autre chose que cette chose autre dont tu voudrais te souvenir

Cindy
C'est encore moi trop intense devant le miroir des poupées saturées d'espoirs elles tiennent toutes dans le cadre elle cherchent leurs reflets en vain on dit d'une princesse qui vieillit reine du carnage bien sous tout rapport ne fait pas son âge et le miroir se transforme en paragraphe

if the road is muddy I didn't force anything side B mixed with precepts and pills from another side A metallic serves as my eyelet lace for king size needles, sewing up an exorcist doll into sound and rags will do

Cindy

Cinderella in her original cardboard box slides up under the fifth wheel of the carriage is upset she mis-steered her project this new definition of the ambiance surrounding the name Cindy amputated by two syllables paper-knife in her mouth reborn before midnight of her cinders is an oracle in immersion please provide the upkeep notice to move up in her heart when the little ghost girl curses the packaging inside herself she must be furnished in addition to the survival kit with an expression like *on the sly*

Cindy

These flowers hung on the back of the waterlily I could add them in with the bluebells my story lends itself half-witch half-sparkling orangeade with a bronze-colored stamp that vacuum-packs you but is there to spread the fire of banalities when from the poem erupts some other thing than this other thing of which you'd like to remember

Cindy

It's me again too intense before the mirror of dolls drenched with hope they all fit into the frame they search for their reflections in vain we call a princess grown old a queen of carnage well under every relation does not look her age and the mirror transforms into a paragraph

Bague bleue projetée dans ses propres poussières pailletées

Tu as volé mes stylos puis j'ai nettoyé les draps et les housses de couettes

Ma robe avait rétréci avec la nuit

L'incompressible dans notre relation est devenu un élixir à boire à température ambiante sur une vespa en pleine vitesse ou dans un patio ventilé

Ceci dit : je pourrais ne pas réussir à entrer dans un magasin de musique sans instruments

Je serais alors le seul instrument resté sur le perron

Red ring projected in its own shimmery shower of dust

You stole my pens then I cleaned the sheets and the duvet covers

My dress had shrunk with the night

The incompressible in our relationship became an elixir to drink at room temperature on a Vespa at high speed or in a breezy courtyard

That being said: I would not be able to bear entering a music store without instruments

So I would be the only instrument left on the stoop

Photographie de neige fondue

Cette femme rigide dans sa façon d'attacher ses cheveux essayant de rêver à d'autres cheveux plus vaporeux qui la gêneraient pendant ses lectures performées

Le vieillissement cutané lui confère un nouveau charme mais elle finit par écrire un poème dans un petit carnet à spirales basé sur l'histoire vraie d'une chevelure tressée

La vérité dans cette accumulation de boucles originelles ne saurait être reproduite que de façon asexuée ni tenir son autrice pour responsable

Photograph of melted snow

This woman stiff in the way she pulls back her hair trying to dream of other more vaporous hair that might bother her during her performed readings

The skin growing old confers on her a new charm but she ends up writing a poem in the little spiral notebook based on the true story of braided hair

The truth in this accumulation of original curls can only be reproduced in an asexual way and cannot hold its authoress responsible

Variation Dickinson

Voici une raison home-made
        loin de tout contexte géographique

quand une poupée plastifiée à peu près de ma taille
        se prend de passion pour son propre sillage
                puis l'extermine

Variation Dickinson

Here is a home-made reason
            far from any geographical context

when a plastic doll approximately my height
            is consumed with passion for her own path
                      then exterminates it

Miroir vocal

Une autre façon d'appréhender   la musique (sans les notes)
dès le début de la chute   fait office de lien entre notre
      perception propre
           (et la psyché des acteurs)

Pris dans le métabolisme de la pulsation d'ensemble :
    les décideurs assermentés
      les influenceurs déguisés en brochure de vacances
    le parfum ambiant fruit de la passion

Une coach séquestrée dans son propre diagramme devenu
    Mandala pour chemin de vie mainstream

La sur-adaptation a de fervents adeptes—stage très prisé au
    magasin des normalités—
« *Vie sur mesure confort et certitudes assurés* » disait la documentation
    sur le meilleur placement des rêves

y allant même de son expressivité
mais sans les chichis convenus d'une communication appuyée de
    type « le monde appartient aux sans affect »

Si l'actrice est aussi rousse que son père avec un nez savamment
    raboté typique de Los Angeles, comment fera-t-elle pour filmer
    le ciel obscur sous le soleil californien ?

L'actrice de la scène finale a gardé le teint pâle d'une irlandaise
    vêtue d'une jupe et caraco rose

Son ancienne meilleure amie allergique au gluten mixe des olives
    noires et tache sa nouvelle robe

Vocal mirror

Another way of apprehending   the music (without the notes)
as it first falls   acts as link between our
     own perception
         (and the psyche of the actors)

Taken in the metabolism of the whole pulsation
    the duly sworn decision-makers
    the influencers dressed as vacation brochures
    the ambient aroma of passion fruit

A coach sequestered in her own diagram turned Mandala for a mainstream way of life

Over-adaptation has fervent fans—a highly-solicited workshop at the normality store—
"*Tailor-made life of comfort and certitude guaranteed*" read the documentation for the best ways to invest dreams

the same going for its expressivity
but without the formulaic froufrou of an emphatic expression such as "the world belongs to the cold fish"

If the actress is as redheaded as her father with a perfectly planed nose typical of Los Angeles, how will she film the dark sky under the Californian sun?

The actress in the final scene kept the pale complexion of an Irish woman dressed in skirt and pink camisole

Her former best friend allergic to gluten mixes black olives and stains her new dress

Nous entrevoyons le flux des visages en surbrillance, l'histoire
   de la peur entre ennemies sirotant une sangria dans une
   atmosphère de syncopes

Le miroir renvoie une image de robe   de plus en plus rose
de plus en plus pâle   frénétiquement repassée
puis froissée et boueuse à la fin   dont on n'aperçoit plus les
   rayures

(En visionnant « Nosedive » épisode de la série Black Mirror)

We glimpse the flow of glowing faces, the history of fear between
   enemies sipping sangria in a syncopated atmosphere

The mirror reflects an image of a dress   more and more pink
more and more pale   frantically ironed
then wrinkled and muddied in the end   whose stripes
   can no longer be seen

(*While watching the episode of* Black Mirror *"Nosedive"*)

si le texte s'éloigne des dialogues   s'il s'extrait de la page imprimée

les retombées psychiques de cet instant   sont une façon surnaturelle de raturer une héroïne

de la faire exploser en plein vol   quand le poème s'arrête de lui-même

recueillir les vibrations de cet amour   ou du séisme provoqué revient au même

deux femmes brunes en train de quémander   une attention en train de danser sur la table

l'une écrit l'autre lit à voix haute   elles sont cousines de corps décousues par leur timbre vocal

« tu lèverais les yeux au ciel   en formant des mots avec tout ce que tu n'as pas encore dit »

if the text pulls away from dialogue　　　　if it extracts itself
　　from the printed page

if the psychic downfalls of this instant　　are a
　　supernatural way of crossing out a heroine

of making her explode in flight　　　　when the poem stops
　　on its own

recovering the vibrations of this love　　or of the earthquake
　　provoked is the same thing

two brunettes begging　　　　for attention are dancing
　　on the table

one writes the other reads out loud　　they are cousins in
　　bodies disjointed by their vocal tones

"you would raise your eyes to the sky　　forming words with all
　　you have not yet said"

Infiltration théorique

La qualité de ce script prête à confusion
Suivre à la trace des jeunes filles aux longues chevelure blondes
Réfugiées dans une maison hantée depuis 1972
Est une randonnée factice comme la marche accélérée sur un tapis de fitness

Soit ces jeunes filles repartent et se perdent dans la forêt
Soit elles s'endorment ici à même le sol dans le salon poussiéreux

La théorie ne permettant plus d'exiger une chose vraie
La théorie ressemble davantage à une actrice parfaite en train de méditer
—qui n'existera jamais—

Theoretical infiltration

The quality of this script lends itself to confusion
To follow the tracks of the young long-haired blondes
Taking refuge in a house haunted since 1972
Is an artificial trek like power walking on a treadmill

Either these young girls leave and get lost in the forest
Or they fall asleep here directly on the floor in the dusty living
    room

The theory no longer allowing to exact a true thing
The theory more closely resembles a perfect actress meditating
—who will never exist—

« Nous serions les princesses du royaume, nous quitterions le campus et les gens se mettraient à nous chercher »
« J'ai toujours voulu être recherchée par des gens consensuels »

Elles sont exaltées, exubérantes, exigeantes, excitées, elles enveniment tout ce qui finit par les rendre substantielles malgré leur beauté de surface

La finesse des poignets des adeptes dont une seule s'est scarifiée —provoque des extases—et des bijoux indiens sont crées pour l'occasion

Il faudra bien entrer dans tous ces détails à défaut d'une journée d'étude consacrée à la cicatrisation des mutilations volontaires

Les voix françaises sont plus anglo-saxonnes que prévu : yoga-selfie-wedding-déprogrammé, vide intérieur, chute libre du rêve ammoniaqué, lingettes pour survivantes embourbées
« Alicia porte une mini jupe et un Croc top qui laisse apercevoir son ventre plat, ses grands yeux en amandes et ses lèvres charnues en font un modèle de désir mêlé de suspicion »

Si je décide de raturer cet ensemble pittoresque pour qu'il se momifie à la lueur d'une bougie paranormale je te tendrai cette bougie dans un élan faussement compassionnel teinté de soulagement
« Les jeunes filles méchantes plaisent davantage aux garçons et provoquent l'envie des filles plus gentilles » entend-on dans le haut parleur incrusté parmi les nuages
(C'est ainsi qu'on décide de l'éclosion d'une rose en milieu fermé)

"We might be the princesses of the kingdom, we might leave campus and people might come to look for us"
"I have always wanted to be sought after by mainstream people"

They are exalted, exuberant, exacting, excited, they infect all that ends up making them substantial despite their surface beauty

The delicacy of the fans' wrists of which only one has scarred over—provokes ecstasies—and Indian jewels are created for the occasion

We will need to go into all these details in the absence of a study day dedicated to the healing of voluntary mutilations

French voices are more Anglo-Saxon than expected: yoga-selfie-wedding-deprogrammed, internal void, free fall from the ammonia dream, soiled survivor wipes
"Alicia is wearing a mini skirt and a crop top that shows her flat stomach, her big almond eyes and full lips make her a model of desire tinged with suspicion"

If I decide to delete this picturesque scene so that it mummifies by the light of a paranormal candle I will hand you the candle in a falsely compassionate burst tinged with relief
"Naughty young girls appeal more to boys and spark envy in nicer girls" we hear over the speaker embedded in the clouds
(This is how we make decisions about the opening of a rose in a confined environment)

Une reconstitution des faits s'impose entraînant une cacophonie de fillettes agrandies à la loupe (ou repeintes sur le mur de ciment qui les protège) car tout le monde veut sa part du gâteau mais la calomnie ne les atteint pas

Chaque femme filmée endormie voudrait posséder un service de dînette miniature en porcelaine dans une maison de poupée dont la chambre nuptiale fait craindre le pire mais ce n'est pas le plus important, on découvre plus tard dans un autre épisode de la même série que la famille entière mentait, la maîtresse de maison très coquette, tenant par un fil à son propre logement photographié (pour un très chic magazine de décoration minimaliste) vendait son corps pour le plaisir de vendre ce qu'elle avait toujours pris soin de cacher

Puisqu'un profil contient des informations

Jusqu'où peut aller une pin-up assortie à sa fourchette, endormie sur le sol d'une maison hantée ?

A reconstruction of the facts is required resulting in a cacophony of little girls magnified (or repainted on protective cement wall) because everyone wants their piece of cake but libel does not touch them

Each sleeping woman filmed would like to own a miniature tea set in a dollhouse whose bridal chamber makes us fear the worst but it is not the most important we discover later in another episode of the same series that the whole family was lying, the very flirty mistress of the house, holding on by a string to her own home photographed (for a very chic magazine on minimalist decoration) was selling her body for the pleasure of selling what she had always taken care to hide

Since a profile contains information

How far can a pin-up girl with matching fork go, asleep on the floor of a haunted house?

Virgin suicide
(Lithium girls)

Le groupe de sœurs blondes peut aussi se comprendre comme
    "conglomérat d'adhésions à une pensée commune"

Une seule version pour cinq créatures briefées avant l'audience
Selon que je procède à la désintégration d'une des sœurs
Il en reste toujours une avec l'esprit de l'autre

Où sommes nous ?
Quel jour sommes-nous ?

Dans la chambre de la maison abandonnée   en pleine forêt
        l'armoire délabrée convoque
des souvenirs de robes à smocks et des musiques planantes
            une seule règle : c'est toujours moi qui chante

J'ai vu des tiroirs bien plus insidieux se vider de souvenirs anodins
Et l'essentiel d'une vie se déverser sous nos souliers

Virgin suicide
(Lithium girls)

The group of blonde sisters can also be understood as "a
   membership committee to a common thought system"

A single version for five creatures briefed before the hearing
According to which I proceed to disintegrate one of the sisters
There's always one left with the mind of the other

Where are we?
What day is it?

In the bedroom of the abandoned house   in the middle of the
   forest
       the dilapidated armoire summons
the memory of smocked dresses and soaring music
         a single rule: I'm the one who sings

*I have seen much more insidious drawers being emptied of trivial
   memories*
And the essential in life pours from our soles

Cette extorsion de pensée   un petit raccord sans conséquence
au film   que je vais maintenant situer dans le temps   vous ne
verrez rien au montage ni après   il faudra le reconstituer à
l'intérieur de votre esprit

dans une chronologie inversée

si vous souhaitez   obtenir   cet élément du puzzle
cela sera le film du film du film du film du film (le plus cher du
monde) explorant

la similarité des chevelures & la vengeance intime

This extortion of thought   a little coupling without consequence
   in the film that I am now going to place in time   you will
   not see anything during the editing or after   you will have
   to reconstruct it from within your mind

                in reverse chronology

if you want   to acquire   this piece of the puzzle
this will be the film of the film of the film of the film of the film
   (the most expensive in the world) exploring

        the similarity of hair & intimate revenge

Une des sœurs ayant repéré une paire de ciseaux

J'ai voulu couper une phrase dans mon esprit avec des ciseaux
Repenser à quelque chose de court mais RIEN ne venait
Puis a fini par revenir me parler dans une forêt cylindrique

FINALEMENT j'aurais dû proposer une autre version
   FINALEMENT un miroir vivant est une cérémonie de
   frayeurs & de dentelles animées FINALEMENT je ne sais pas
   FINALEMENT c'est pas trop mal FINALEMENT ça ira ils en
   ont vu d'autres au musée des vitres embouties FINALEMENT
   arrêtons de flipper puisqu'un autre miroir en préparation sera
   FINALEMENT enduit de résine puis posé sous un arbre témoin
   d'un monde extérieur FINALEMENT révolu

One of the sisters having spotted a pair of scissors

I wanted to cut a sentence in my mind with scissors
To think back on something short but NOTHING came
And then did by returning to speak to me in a cylindrical forest

IN THE END I should have suggested another version IN THE END a living mirror is a ceremony of frights & animated lace IN THE END I don't know IN THE END it's not so bad IN THE END it will be ok they saw some others at the pressed glass museum IN THE END let's stop flipping out since another mirror is in preparation IN THE END coated in resin then placed under a tree witness of an outside world IN THE END bygone

Groupe symétrique
d'émotions simultanées

Symmetrical group of simultaneous emotions

1)

Tu es une sirène controversée

Avec ta façon de voir les choses

Avec l'idée d'être étendue

Comme les rubans de femmes entremêlés dans une forme de passivité mais pas incontrôlable

1)

You are a controversial siren

With your way of seeing things

With the idea of being rolled out

Like a ribbon of women intertwined in a form of passivity but not unruly

2)

En accrochant mon manteau à une branche je veux pénétrer l'essence d'un personnage

Je t'ai demandé si les rivières profondes s'effacent lors de cataclysmes et tu as su me répondre en dessinant la membrane d'un cercle nuageux

Reparlons de cinéma il aurait fallu tuer le personnage central sans faire sombrer le rôle

Je pourrais y voir une conjoncture ou la combustion lente d'une méduse

2)

In hanging my coat on a branch I want to penetrate the essence of a character

I asked you if the deep rivers disappear during cataclysms and you knew how to answer me by drawing the membrane of a cloudy circle

Let's talk about cinema again we should have killed the main character without succumbing to the role

I could see a conjuncture there or the slow combustion of a jellyfish

3)

D'éventuelles cousines croisées maintiennent la trajectoire

Nous ne pouvons pas les contrarier

Si Cassandre, Lilith ou Emily Bis pouvaient ressurgir et empêcher l'amour de l'amour absolu

Il faut exiger une thérapie à base d'électrochocs distillés dans de l'ammoniaque confit à défaut d'une rigidité de l'esprit, les ruminations pourront ensuite être décongelées puis chauffées au bain marie

Si tu ajoutes chaque trauma si tu te compares aux fillettes lucides de l'enfance tu en ressors toujours conquérante à fabriquer des mots nouveaux ou des corps avec d'autres corps, c'est la dualité post-Frankenstein

3)

Potential cross-cousins maintain the course

We cannot upset them

If Cassandra, Lilith or Emily 2 could return and prevent the love of absolute love

Lacking an unyielding spirit we must request an electroshock-based therapy distilled in candied ammonia, ruminations can then be thawed and heated in a double boiler

If you add in each trauma if you compare yourself to the lucid little girls of childhood you will always come out on top in making new words or bodies with other bodies, it's the post-Frankenstein duality

4)

L'aspect du vieillissement des tissus ou l'extrême juvénilité d'une femme fabrique un nouveau trauma inventé pour l'occasion

Après avoir baigné dans une impression de déjà vu il a repris sa semence avec lui en disant « j'ai toujours su que j'étais fait pour ça »

Lilith arrive au moment où les non-dits éclatent comme du pop corn dans une chambre obscure

Les films que je n'ai pas revus au moins trois fois de suite sont restés dans leur boîtier

J'affûtais moins bien ma lame à extraire les souvenirs que mes connaissances en cosmétiques

Sous la première pile de films jamais vus jamais réalisés se trouvaient quatre titres :
-La voix réapparue
-Le vumètre
-La voix détimbrée
-Le complot des sirènes

Ce principe fondamental d'une colère différée
Ni tout à fait logique ni tout à fait éclose

4)

The appearance of aging tissues or the extreme youthfulness of a woman creates a new trauma invented for the occasion

After immersion in a feeling of déjà vu he took his seed back with him saying "I always knew I was made for this"

Lilith arrives at the moment when the unsaids burst like popcorn in a dark room

Films that I haven't watched at least three times in a row have stayed in their box

I didn't sharpen my blade for extracting memories as well as I did my knowledge of cosmetics

Under the first stack of films never seen never directed were four titles:
-The Reappeared Voice
-The Recording Level Meter
-The Untimbered Voice
-The Siren Conspiracy

The fundamental principle of delayed anger
Neither fully logical nor fully blossomed

5)

Mary Shelley in utero a rempli son caddy d'épines dorées

Bien sûr—je te voyais—même si le futur est une image fixe parfois bancale

Les suffragettes s'agenouillaient pour faire leurs demandes

D'autres restaient assises—ou cousaient en parlant doucement

Ces perles humaines situées en dehors de la maison dont peu d'entre nous ferons le tour

5)

Mary Shelley in utero filled her caddy with golden thorns

Of course—I saw you—even if the future is a fixed image at times
    lopsided

The suffragettes knelt to make their demands

Others stayed seated or sewed while speaking softly

These human pearls located outside of the house that few of us
    will ever explore

Chemin de croix érotique

Sous forme de cri silencieux resté dans la pensée

Je me souviens d'une couleur ocre qui tambourinait à la fenêtre

Toujours la même disciple parfaite—habillée de tweed—

Après avoir creusé un long tunnel sous la forêt nous nous sommes écharpées

Sans avoir eu le temps de figer dans la résine un fragment de nos retrouvailles

Erotic stations of the cross

In the form of a silent cry that remained in thought

I remember an ochre color drumming at the window

Always the same perfect disciple—dressed in tweed—

After digging a long tunnel under the forest we tore into each other

Without having the time to set in resin a figment of our reunion

C'est une chose que d'occulter les générations précédentes
Encore une autre de lire Emily Dickinson ou Elizabeth Barrett
 Browning
Sans sauter une ligne ou pleurer d'insouciance

Je redeviens solitaire, je me confie à moi-même
C'est une méthode qui marche disait notre instructeur
Je n'en connais pas d'autres

It's one thing to overlook previous generations
And another thing to read Emily Dickinson or Elizabeth Barrett
    Browning
Without skipping a line or crying carelessly

I become solitary again, I confide in myself
It's an effective method our instructor told us
I don't know of any others

À force de mettre en lumière ma conscience je me demandais si je n'allais pas la perdre, je parle de ce petit mécanisme qui répond à mes attentes, ce souffle que j'entends derrière moi parfois quand je vais trop loin ou pas assez, vers une maison sans fioriture

Je recevais, certes
Le secret me permettait d'aller et venir sans crainte

Mais là en analysant
—La frontière
—La canalisation
—La durée
—La signalisation

Je ne savais plus quel corridor emprunter dans une tunique mauve cousue de perles noires
J'appellerais ça : vivre
Il me fallait cette tunique

In working to trust my mind, I wondered if I wasn't going to lose
   it, I am speaking of this little mechanism that replies to my
   expectations, this breath that I hear behind me sometimes when
   I am going too far or not far enough, towards a house with no
   frills

Yes, I received
The secret allowed me to come and go fearlessly

But there in analyzing
—The border
—The conduits
—The duration
—The signs

I no longer knew which hallway to take in a mauve tunic sewn
   with black pearls
I would call it: living
I needed that tunic

Je suis venue en hésitant on m'a dit soyez douce avec vous-même
C'est une façon d'écrire un sonnet sans prendre de gants
D'enregistrer des voix oubliées en imaginant leur tessiture

Du plus loin que je me souvienne (en fait de rien)
C'est là que j'ai inventé la méthode a rebours
Coincée entre une coiffeuse d'époque et un miroir sans tain pour
  Barbie défraîchie

I came reluctantly they told me be gentle with yourself
It's an approach to writing a sonnet with the gloves off
To record forgotten voices by imagining the extent of their vocal
 range

As far back as I remember (in fact nothing at all)
That's where I invented the backwards method
Stuck between a vintage vanity and a one-way mirror for
 Shopworn Barbie

L'amour m'avait pris beaucoup de temps
Devenant aussi un objet à recycler à la fois ésotérique et quotidien comme toute molécule

S'il vous faut un appareil photo de la marque Kodak avec ses pellicules intactes des années 80, ou un magnétophone dans sa housse de cuir, s'il vous faut un outillage complet du passé pour recréer vos impressions, pensez-vous être indélébile ?

C'est toute la différence entre le théâtre de rue et la poésie performée, on pourra toutefois réaffirmer que l'amour de l'amour est une performance à double énigme

Love took me a long time
Becoming too a recyclable object both esoteric and common like any molecule

If you need a Kodak camera from the 1980s with its film intact, or a tape recorder in its leather case, if you need a complete tool set from the past to recreate your impressions, do you think you are indelible?

This makes all the difference between street theater and performance poetry, but we can nevertheless reaffirm that the love of love is a performance in two riddles

Tu étais la prétendante d'une chose inanimée nommée argumentation
Et moi je me perdais en décoctions mentales pour soigner ton esprit mal en point

Au final que s'est-il passé ?
Des battements de cœur
Des icônes tremblantes
Un court séjour imaginaire en Italie pour reprendre du poil de la bête
Au final, les prétendantes étaient-elles des femmes ?

You were the suitor of an inanimate thing called argumentation
And I was losing myself in mental decoctions to heal your poor mind

In the end what happened?
Heartbeats
Trembling icons
A short daydreamed trip to Italy to get back in the saddle
But in the end, weren't the suitors women?

Pour supprimer ce qui vient en pensée tout en pensant :
« un jour la pensée reviendra dans un rêve bizarre qui me hantera
                une fois réveillée car j'aurais tout appris
de ce rêve   sans prendre soin de ma garde-robe ni de la couleur
   de mes cheveux
je serais recouverte
        d'un vêtement ou d'une aura qui ne m'appartient pas »

To suppress what comes in thought all while thinking:
"one day the thought will return in a strange dream that will haunt
  me
         once I wake because I will have learned everything
from this dream   without minding my wardrobe or the color
  of my hair
I would be covered
      with a garment or an aura that doesn't belong to me"

La poésie est une forêt remplie de songes précieux—c'était ma vision des choses

La femme dans le tableau—son esprit n'y est pas fixé

Il y a quelque chose au-dessus du cadre qui arrive à faire demi-tour

L'attention particulière d'un visage deux yeux rivés à leur socle

Les nuages ne donnaient pas de réponse, les réponses ne formaient pas de nuages

Tu as noté ce rêve soigneusement pendant que les majorettes parlaient fringues et renommée

Poetry is a forest filled with precious wonders—that was my view of things

The woman in the painting—her mind is not fixed there

Something above the frame manages to do a U-turn

The particular attention of a face two eyes riveted in their sockets

The clouds didn't give responses, the answers refused to form clouds

You wrote this dream down carefully while the majorettes spoke of clothes and fame

Trois maisons

Mon prochain but est de t'enfermer dans une maison même si tu penses qu'elle n'existe pas

Des infirmières en combinaisons moulantes n'auront pas le droit de t'approcher

La forêt nous parle mais la maison est hantée par des figurines mi-rigides mi-assumées

C'est notre côté sirènes corsetées nous mangeons des bulbes de méduse et des milliers d'yeux nous regardent en retour

Vendre et couper l'espace vous ne savez faire que ça

Vous payez toujours par des regrets ces petites scénographies d'une maison qui existera

Three houses

My next goal is to lock you in a house even if you don't believe it exists

Nurses in skin-tight suits will not be allowed to come near you

The forest speaks to us but the house is haunted by figurines half-stiff half-embodied

It's our corseted-siren position we eat jellyfish bulbs and a thousand eyes look back at us

Selling and cutting space is all you know how to do

You always pay with regret for these little stagings of a house yet to exist

Je n'en pouvais plus des thématiques je voulais écrire ce qui vient
Fleur sortie du ciment—avec une tige démoralisante

« La poésie vous trouve là ou vous ne la cherchez pas » devenant
   une formule trop simpliste
Je ne veux plus errer dans l'obscurité de la raison

C'est la narration du concept qui l'emporte
L'art cinématographique ou le casting surprise

I couldn't stand the thematics anymore I wanted to write what
 comes up
Flower sticking out of cement—with a demoralizing stem

"Poetry will find you there where you aren't looking for it"
 becoming an overly simplistic formula
I no longer want to wander in the obscurity of reason

It's the narration of the concept that prevails
Cinematographic art or surprise casting

Lisieux (1)

Une maison avec une sainte à l'intérieur qu'on ne voit pas
Son lit est fait, la femme du maire de mon village normand a joué le rôle de Thérèse à 15 ans dans les années 70
Elle me dit « je suis la seule à avoir dormi dans son lit depuis sa mort »
Dans le cadre au dessus du lit se trouvent les boucles de cheveux de Thérèse de 5 ans à 16 ans

Lisieux (2)

Le jeune homme bénévole reste toute la journée dans la chambre de Thérèse
Devant le petit lit où elle est morte (de quelque chose qui n'a rien à voir avec ce que je pensais)
Il explique aux visiteurs qu'elle fut une fillette très coquette de la grande bourgeoisie
Il ne sait pas s'il va devenir prêtre en attendant il est prof de math & surveille une maison hantée

Lisieux (3)

Je voudrais toujours atteindre ce moment précis où je sais que le poème est fini
J'ai beau faire des efforts, le quotidien hors poésie
M'effraie de plus en plus les maisons m'effraient de plus en plus
Les maisons sont trop aimées par des miroirs effrités

Lisieux (1)

A house with a saint inside that we cannot see
Her bed is made, the mayor's wife in my Norman village played the role of Thérèse at 15 in the 1970s
She tells me "I am the only one who has slept in her bed since her death"
In the frame above the bed are locks of Thérèse's hair from ages 5 to 16 years old

Lisieux (2)

The young man who volunteers spends all day in Thérèse's bedroom
In front of the little bed where she died (of something that has nothing to do with what I thought)
He explains to the visitors that she was a very coquettish little girl from the upper class
He doesn't know if he will become a priest but in the meantime he is a math teacher and watches over the haunted house

Lisieux (3)

I always want to reach this specific moment when I know that the poem is finished
No matter what I do, the everyday outside of poetry
Scares me more and more, houses scare me more and more
Houses are too loved by eroded mirrors

Je me souviens de mes cils très noirs et épais à six ans
Que j'imbibais d'eau oxygénée pour atténuer

La colère des fillettes à la piscine me traitant de pute qui se maquille
La logique de l'escalade

Ou peut-être la structure socio-émotionnelle de l'affrontement
Pour qu'un poème puisse respirer des dizaines d'années plus tard

I remember at six years old my thick black eyelashes
That I soaked in hydrogen peroxide to lessen

The anger of the young girls at the pool calling me a whore who
   wears makeup
The logic of the escalation

Or perhaps the socio-emotional structure of the confrontation
In order for a poem to have breath decades later

# Ciseaux & ciel nocturne

Scissors & nighttime sky

À papillonner sur le papier
Preuves, retrouvailles de coquilles dépareillées

La ligne que je saute égale une forme de subjectivité
Pour l'écriture nécessaire
Et non la seule répétition d'une pensée

L'obsession reviendrait, se tiendrait à côté de Messaline, surnom que mon père me donnait enfant, parmi d'autres comme Salomé, Cassandre la bien nommée qui annonce la perte

Fluttering over the paper
Proof, the reuniting of sundered shells

The line that I skip equals a form of subjectivity
For necessary writing
And not just the repetition of a prospect

The obsession would return, would stand next to Messalina, the nickname my father gave me as a child, among others like Salomé, Cassandra the well-named who announces loss

Retour au poème

À la masse d'informations suggérées qui tiennent
Dans une petite formule
« Va où l'œil te voit »

Cassandre à bout portant
C'est la petite la(r)me, motion de surprise

Qui me donne à léviter

Return to the poem

To the mass of suggested information contained
In a little expression
"Go where the eye sees you"

Cassandra at point-blank range
It's the little *tear*, surprise motion

That sets me levitating

Présent circonstanciel

Explosion des valeurs significatives
Ou tout autre revanche enveloppée dans du papier calque
Plongeon latéral vers la surface

« Prends soin de toi » disait la voix écarlate
Mais qui viendrait ici me remettre le premier prix de la première
  femme

Dont le langage est sous pression de ce que dire ne dit pas
L'espace interstellaire des métaphores
La perspective dont les angles s'évaluent

Quand les explications de ce langage ornent des lèvres entrouvertes
Une cacophonie érotique se transforme en sphère d'influence

Un tain de miroir reconfiguré en ondulations—la jonction du
  terrestre abritée dans une scène culte—

Je préfère être aimée
Pour ma façon de voyager vers le patio qui m'intrigue

Circumstantial present

Explosion of meaningful values
Or any other revenge wrapped up in tracing paper
sideways dive toward the surface

"Take care of yourself" the scarlet voice said
But who would come here to give me the grand prize for best
  woman

Whose language is under pressure from what saying does not say
The interstellar space of metaphors
The perspective from which the angles evaluate each other

When the explanations for this language adorn parted lips
An erotic cacophony turns into spheres of influence

A mirror's silvering reconfigured in ripples—the junction of the
  terrestrial harbored in a cult scene—

I prefer to be loved
For the way I travel towards a patio that intrigues me

Sorti du dehors le trou salué en pleine lumière
Esquisse de princesse prise de malaise reçoit le trou en secret

Ce détail de la solitude inséré entre les pages
Un morceau d'intériorité le transforme en silencieux automatique

En ce qui concerne le tableau de cette femme il manque encore
 des éléments du visage
Un nuage noir coupe une partie de ce portrait dont le modèle est
 un miroir de trop

Taken from outside the hole hailed in full light
Sketch of a princess fallen ill receives the hole in secret

An element of solitude inserted between the pages
A piece of interiority transforms it in automatic silent

With respect to the painting of this woman details of the face are missing
A black cloud cuts a portion of the portrait whose model is one mirror too many

Ciseaux & ciel nocturne

Je n'étais pas coréenne ni japonaise
Je créais des nœuds avec de la ficelle en raphia

C'était une sorte de neige fondue qu'on voit dans les films
Où rien n'est dit d'un commun accord mais où tout se sait à la fin

Même pendant le film on fait tourner de multiples hypothèses
On croise des non-dits familiaux—le pot aux roses devient
 sanguinolent—
Au lieu d'en tirer un exemplaire de fil à dérouler pour recoudre le
 centre du trou

C'est le fait de ne pas être coréenne ou irlandaise qui m'a fait
 écrire ce poème
Après avoir lu un poème coréen sur deux jambes silencieuses

Scissors & nighttime sky

I was neither Korean nor Japanese
I was creating knots with raffia twine

It was the kind of snow you see in films
Where nothing is said of a common accord where all is found out at the end

Even during the film we spin multiple hypotheses
We happen upon unsaid family things—the vase of roses becomes bloody—
Instead of taking a thread sample to unroll for sewing up the center of the hole

It's because I am not Korean or Irish that I wrote this poem
After reading a Korean poem on two silent legs

Tube luminescent

Elle vient
On lui demande de porter un grand carton pour monter un banc de jardin en kit
Elle vient mais cela ne se mesure pas en mètres ou en pensées, c'est une idée de sa venue qui est peinte à sa place

Les miroirs crient en se collant aux corps qu'ils reflètent
Boue synthétique, joues rebondies
La raison de sa venue est nocturne c'est la source du poème avalé par mégarde

Les pupilles des yeux enseignent qu'elle est trouée de la tête aux pieds mais avec une diction parfaite
Le trou s'épanche et s'agrandit de jour en jour

On dit encore qu'elle va venir mais cette fois-ci dans une chambre surnaturelle

L'oreiller est imbibé de sang pour l'aider à se séparer d'une femme qui vit en elle

Luminescent tube

She comes
She is asked to carry a big cardboard box for putting together a park bench kit
She comes but that cannot be measured in meters or in thoughts, it is an idea of her coming that is painted in her place

The mirrors bellow binding to the bodies they reflect
Synthetic sludge, plump cheeks
The reason for her coming is nocturnal it is the source of the poem swallowed by mistake

The pupils in her eyes reveal that she is worn through from head to toe but with perfect diction
The holes erupt and grow bigger from day to day

It is said again that she will come but this time in a supernatural room

The pillow is soaked with blood to help her separate from the woman who lives inside her

Nuage nocturne

Le premier nuage est une présentation de cintres, le second une proposition d'idéal

Des particules de soi s'insèrent à la fois dans le nuage et dans l'armoire

Le nuage nocturne poursuit une nouvelle direction—un bol d'air de quoi s'extraire—

Musée de soi-même plutôt que momie pétrifiée

Nocturnal cloud

The first cloud is a presentation of clothes hangers, the second proposes an ideal

Particles of self insert themselves both in the cloud and in the armoire

The nocturnal cloud takes a new direction—a bowl of air to disappear—

Museum of the self more than a petrified mummy

Des maisons hypnotisées resteront gravées dans nos mémoires
Lustres, chaumières, commodes repeintes, bureau à clés
Je veux bien y habiter un temps

Si des inconnus vont de poème en poème
Visibles
Invisibles
Jugés pour leur valeur intrinsèque

Le fait que je devienne moins austère à tes yeux
À peu de rapport avec la performance image/son que nous
   visualisons à tête reposée

Hypnotized houses will remain carved in our memories
Chandeliers, cottages, repainted dressers, desks with keys
I could easily live here a while

If strangers go from poem to poem
Visible
Invisible
Considered for their intrinsic value

The fact that I am becoming less austere in your eyes
Has little to do with the image/sound performance we visualize
   with clear heads

Arbre vert

(Autour du film Ice Storm*)*

Épinglée sur un lac gelé
Plus ou moins toi

Soit une petite Coréenne
Lisant un livre sur le discours
En tant que porte parallèle de l'œuvre

Soit une petite bulle
Perforant ta joue
Dissimulée sous les traumas

Comme ces morceaux de dents restés dans ma gencive après
    extraction
Dont on m'a dit qu'ils partiraient tout seul
Et ne sont jamais partis

Rayons de lumière bleue
    —fils électriques verglacés—

Regards sans pupille

Green tree

(On the film Ice Storm)

Pinned down on the frozen lake
More or less you

Either a small Korean woman
Reading a book on discourse
As a parallel entry to the work

Or a small bubble
Perforating your cheek
Concealed by the trauma

Like those pieces of teeth that stayed in my gums after their
    pulling
That I was told would go away on their own
And that never did

Rays of blue light
    —icy electrical wires—

Pupilless stares

Lorsque j'ai croisé Emily dans son accoutrement évidé
Elle semblait sérieuse sous une cape mauve

Lorsque j'ai croisé les douze Emily brunes et méfiantes
Le fond sonore était le même
Des chuchotements de disciples dans un pensionnat strict la nuit

Portant le même troisième œil au milieu du front mais avec des regards différents

Vers le corridor
Se trouvait une chose gigantesque que personne ne pouvait voir (à part elles)

Revenante qui n'en menait pas large devant ce miroir contextuel
Une bouche en cœur aspirant méthodiquement la physionomie de sa doublure

When I ran into Emily in her hollowed-out get-up
She seemed serious under her mauve cape

When I ran into the twelve Emilys, brown-haired and wary
The soundtrack was the same
Disciples whispering from inside a strictly-run boarding school

Bearing the same third eye in the middle of their foreheads but with different glares

Towards the hallway
Was a gigantic thing that no one could see (but them)

A phantom who was scared stiff before this contextual mirror
A heart-shaped mouth methodically inhaling the physiognomy of her double

Visage vide rose

Blank pink face

Les veillées de l'être

Déguisée en somnambule
Manteau et chaussures dépareillés

Poupée de chair assoupie sous un haut-parleur
Tige après tige veuillez en faire un mirador

The vigils of being

Disguised as a sleepwalker
Mismatched coat and shoes

Fleshy doll slumped over under a speaker
Stem after stem please make of them a turret

Décorum

Ce travail en cours
Nécessitant une partie
Sérigraphiée autour des non-dits

Tu l'avais proposé à
L'imagination sans te douter
Des conséquences

Le juste milieu devenait quelque chose de sombre et soyeux à la fois
Impossible d'en retapisser la mémoire

Cette orgie de vieux papiers peints
Dont certaines familles
Aimaient à choisir les motifs plus ou moins absurdes
—par la forme, la couleur, les répétitions—

Chez nous tout était repeint en blanc ou alors
On laissait les pierres apparentes

Il suffisait de s'adapter
À la totale absence de faute de goût

Ainsi subsistait l'expérience de la trahison
Mais sans l'odeur citronnée de la colle moisie

Decorum

This work in progress
Necessitating a portion
Screen-printed around the edges of the unsaids

You had offered it to
Imagination without suspecting
The consequences

The happy medium becoming something dark and silky
Impossible to reupholster in memory

An orgy of old wallpaper
Of which certain families
Liked to choose the more or less absurd patterns
—for their shape, color, repetition—

At our place everything was painted over in white or if not
We left the stone exposed

We just needed to adapt
To the total lack of absence of taste

Thus resided the experience of betrayal
But without the lemony scent of moldy glue

Revenante réveillée au pied du lit
Dans une chambre inconnue au bataillon

Quelle suite donner au poème—dont on ne saisit pas l'objet ?

Awakened phantom at the foot of the bed
In an unheard-of bedroom

What next for the poem—of which we cannot grasp the subject?

L'importance des cintres laissés dans une armoire
À la place de la pensée

Pour qu'une robe verte en laine
Soit confondue avec la pensée

Avant d'être
Trouée par les mites

The importance of clothes hangers left in an armoire
In lieu of thoughts

So that a green wool dress
May be confused with a thought

Before being
Riddled with mites

Le choix d'un homme

Les deux Emily n'aiment que les hommes d'église
De ce fait leur obsession finit par s'immoler d'elle-même

Mais la voix écrite s'étale dans le temps
(petits mots jetés avec l'éponge)

Le rapport bénéfice/risque reste en faveur
De l'objet—incompris

A man's choice

Both Emilys only like men of the church
Because of this their obsession ends up immolating itself

But the written voice stretches out in time
(words here and there thrown out with the bathwater)

The benefit/risk assessment remains in favor
Of the object—misunderstood

Le poème prolixe

Un poème est une façon de tresser des fissures
Dans un hôtel rempli de fantômes

Assise sur un lit gonflable suturé de rustines
La chambre décolle et me ramène à bon port

Que peut-on voir d'un visage effacé dans le miroir ?

The long-winded poem

A poem is way to braid broken fissures
In a hotel full of ghosts

Sitting on an inflatable bed patched together
The room takes off and carries me back to harbor

What can be seen of a face erased in the mirror?

La forme vivante de la passion amoureuse
Ôte à l'audace poétique sa morosité prévalente

Si le vécu est symbolique
L'écrit ne se doute pas des modes de diction

J'ai des cheveux qui évoluent—un teint qui reste pâle—
Ce fardeau assumé « je suis l'ancien et le nouveau »
N'est pas un acquis poétique

The living form of passionate love
Lifts the prevalent gloom from poetic boldness

If what is lived is symbolic
The written suspects nothing of modes of diction

I have hair that evolves—a shade that remains pale—
This burden accepted "I am the old and the new"
Is not poetic assumption

La porte vivante

Ne pas mélanger la vie et le poème
Le poème
La vie—avec la vie
Le poème—et seulement le poème—donne sur une porte suivante

La vie et le poème ne peuvent en aucun cas se toucher (juste
 parfois se frôler)
Contrairement à ce qui se dit sur les poèmes et les portes

The living door

Don't confuse life with the poem
The poem
Life—with life
The poem—and only the poem—can lead us to the next door

Under no circumstances can life and the poem touch each other
   (just at times brush against each other)
Contrary to what is said about poems and doors

Processus

Dorénavant la logique de l'absence
Aller là où il ne faut pas pour revenir au poème—y aller
//

Juste avant de commencer le poème suivant
Ce moment contenu dans le poème
Et le poème qui en découle

Je suis entrée dans l'esprit du poème
Que je convoite
Une minute après je suis désœuvrée

Process

From now on reasoning based on absence
Going where we should not to get back to the poem—going there
//

Just before beginning the next poem
The moment contained in the poem
And the poem that flows out of it

I have entered into the spirit of the poem
That I covet
One minute later I am disarmed

De deux extrémités l'une
Ce que le verbe peine à dire
La conscience lui souffle à demi-mots

Protège-toi ou approche-toi d'une lampe qui dort
Mais ne perds pas ton cahier noir

Ce travail performatif
Pouvant élucider l'énigme
Des jours suivants

From two extremities one
What the verb pains to say
The mind whispers only half-saying

Protect yourself or come closer to a sleeping lamp
But do not lose your black notebook

This performative task
That could solve the enigma
In the coming days

La fille en polyester

Passe ses mains dans les cheveux
Avant une séance de karaoké

Avec son double parfait
Petite cousine envahie de pensées corporelles
Aiguisées au scalpel à prendre au pied de la lettre

Sweetie est une forme voluptueuse
Qui chante en soutien-gorge devant l'assemblée

Les érudits ont-ils peur du corps des femmes
Plus que la moyenne nationale ?

Dans une conférence sur les bottines ils sont légion
À étudier le rapport attirance/voûte plantaire

Mais les voix féminines qui exercent leur charme
Sont propulsées vers la caméra-métronome

Deux versions de chaque actrice enrubannée
Dans une piscine remplie de visages

The girl in polyester

Runs her hands through her hair
Before going to karaoke

With her perfect twin
Little cousin invaded with bodily thoughts
Sharpened by a scalpel to be taken literally

Sweetie is a voluptuous form
Who sings in a brassiere before the assembly

Do erudite men fear women's bodies
More so than the national average?

At a conference on ankle boots they are an army
Studying the attractiveness/foot arch correlation

But the feminine voices that exert their charm
Are propelled toward the camera-metronome

Two versions of each actress trimmed
With a pool of faces

L'étagère de la poésie se fane comme à son habitude
Si tu offres un champignon vénéneux
Capable d'effacer la pensée humaine
Je me vois entre deux candélabres à ramasser du petit bois

Brûler une phrase entière en exprimant des regrets par la suite
L'étagère en forme de U majuscule contredit l'axiome
Sur les petites sœurs indignes des photomatons
Conservées dans une mallette amovible appelée mysticisme
   ambivalent

The poetry shelf wilts as it usually does
If you offer a poisonous mushroom
Capable of erasing human thought
I see myself between two candelabras picking up pieces of wood

Burning an entire sentence then expressing regrets
The capital U-shaped shelf contradicts the axiom
About little sisters unworthy of photo booths
Preserved in a removable chest called ambivalent mysticism

Si revenir ici aux sources et ne pas se complaire dans l'ailleurs
Si en soit est l'ailleurs
Que l'on voit chez l'autre
Poème New Age fera choux blanc

Poète confirmée fera mieux que gourou vénale en sweat-shirt
Autour de qui objets humains se dessinent et clament
D'où vient le lien ?
Si poésie cryptique revient à salon d'entrevues

Où les plaintes disposées en recueil
N'ont pas la formulation corporelle
Entre-soi lecture-réseau
« C'est guerre contre guerre émaciée »

If coming back here to the source and not wallowing in the
    elsewhere
If in itself is the elsewhere
That we see in the other
New Age Poem will miss the mark

An experienced poet will do better than a venal guru in a sweat-
    shirt
Around whom human objects are drawn and protest
Where does connection come from?
If cryptic poetry can be reduced to interview room

Where complaints arranged in a collection
Do not have bodily expression
Echo-chamber reading-grid
"It's war against emaciated war"

Self-ermitage

Je m'étais confiée au Vox Muséum—salle d'attente imprévisible

Il ne s'agit pas
de
Commencer une phrase en conduisant une trottinette volante
Parce que tu pourrais
Renverser une autre phrase hors du paragraphe

Mieux vaut une obstruction abstraite
Une ode plus simple à déterminer

Comme ici ou là rien n'est là dit-elle

Self-hermitage

I had confined myself to the Vox Museum—unpredictable waiting
 room

It was not a matter
of
Starting a sentence while driving a flying scooter
Because you could
Run over another sentence from outside the paragraph

An abstract obstruction is better
A simpler ode to determine

As here or there nothing is here she says

Persona

Si vivre ou écrire ou chanter vous propulse
Seule la complexité octroie au mouvement sa danse perpétuelle

Ceci n'est pas une chute mais un constat d'annulation
Du rapport dette karmique/pensée politique

Persona

If living or writing or singing propels you
Only complexity bestows movement its perpetual dance

This is not a fall but a realization of the forgiveness
Of the karmic debt/political thought relationship

Si l'écriture est assemblée aujourd'hui comme une chose
   spongieuse
Prête à errer dans les cabinets de mondanité

Là où nous sauvegardons des rangées de chaises dans la pièce à
   penser
Tenailles—femmes montées sur ressorts—apologie du discours

Presque à la lisière du bon goût demeurait statique
Une forme d'obsession que la facilité ne s'accorde pas

If writing is assembled today like a spongy thing
Ready to err about the cabinets of mundanity

There where we keep rows of chairs in the thought-room
Pliers—women mounted on springs—vindications of speech

Almost on the threshold of good taste but left static
A kind of obsession that convenience cannot grant

Miroir rouge

Divisée en deux
Je me donne une chambre et je m'impose un rêve je suis
Dans un corridor, je décris le papier peint qui change
Au fur et à mesure du rêve

Une princesse tue un serpent puis écrit un livre
Sur l'extinction des sorcières ambivalentes

Le miroir pleure des larmes de sang qui seront confisquées pour
 être étudiées
Par des scientifiques de renommée

Red mirror

Divided in two
I give myself a bedroom and impose a dream on myself I am
In a hallway, I am describing the wallpaper that changes
As the dream progresses

A princess kills a snake then writes a book
On the extinction of ambivalent witches

The mirror sheds tears of blood which will be confiscated for study
By renowned scientists

Langage & sécateur

Le retour du refoulé—troisième langage de l'œil
On insiste sur la plainte mauvaise fille toujours—

La vraie plainte—la fausse dignité serait une fleur tranchée
Nécessitant des soins organiques

Le digne se situe dans la retranscription instantanée
L'écueil est d'en signifier une conclusion—ou un échafaudage de
   figurines s'accrochant les unes aux autres

La plainte objectivée du poème qui en découle est sans mérite
Philosophie surnaturelle plongée dans un bocal fermé à temps

Deux petites flaques bleues lui donnent raison

Language & pruning shears

The return of the repressed—third language of the eye
We insist on the bad girl complaint always—

The real complaint—false dignity is a sliced flower
Requiring organic acts of care

The worthy is located in instantaneous retranscription
The pitfall is to make it have a conclusion—or a scaffolding of
   figurines holding onto one another

The objectivized complaint of the poem that comes out of it is
   without merit
Supernatural philosophy shoved into a closed jar just in time

Two small blue puddles rule in favor

Plus le visage s'efface plus la porte se referme

C'est l'esprit d'une chambre sans entrée ni sortie

Avec un barrage végétal vers lequel je deviens moi multipliée par deux

L'heure où surgissent les fantômes de tout miroir

Comme des racines d'arbres enlacées par un souvenir

The more the face is erased the more the door closes

This is the essence of a room without entrance or exit

With a vegetal dam toward which I am becoming myself multiplied by two

The time when ghosts emerge from every mirror

Like tree roots interlaced by a memory

Forêt de tissus enneigés

Je ressemblais à ces cloches de tissu qui recouvrent les tympans
Mais le tissu devenait pourpre et laissait apparaître une fleur spongieuse

Je devais me décider entre la forme la plus suave ou la plus sombre
On pouvait ingérer chaque forme ainsi que les fourchettes comestibles

L'affect nous suivait des yeux, projeté sur un écran lumineux
Certains appelaient cette transformation le film de l'affect, les gens mélangeaient les tissus et les pensées puis les recouvraient de neige

De nombreuses questions subsistaient après le générique de fin

Qui balaye l'ombre après la séance, qui voue un culte à un mur de reflets ?

Forest of snowy tissue

I looked like those bells of tissue that cover eardrums
But the tissue became purple and revealed a sponge-like flower

I had to decide between the softest form and the darkest one
We could ingest each form as well as the edible forks

Affect followed us with its eyes, projected on a lit-up screen
Some called this transformation the film of affect, people mixed
    tissues and thoughts then covered them with snow

So many questions remained after the credits

Who sweeps up the shadows after the show, who worships the
    wall of reflections?

Nos cils nous suivent à petit pas
Derrière nous ils se comptent en années

J'apprends à forger une fenêtre dans un complexe balnéaire
Une flèche envahit mon esprit d'une couleur inconcevable

Vais-je pouvoir continuer ainsi, retenue dans une glissière de velours
Si un parapet tombe dans la rivière en crue

Ou dois-je juste me dire que pour le moment
Je vis avec un homme sans visage ni corps ?

Our lashes follow in tiptoe
Behind us they count in years

In a seaside condo I learn to weld a window
An arrow invades my spirit with an inconceivable color

Will I be able to go on this way, contained by a velour guardrail
If a railing falls into the rising river

Or must I simply tell myself for the moment
I live with a man with no face or body?

Métronome

J'ai besoin parfois d'être une sorte de résolution peinte à l'encre de Chine

Je reviens dans un livre à la page manquante je suis ce livre miniaturisé

Rendu invisible par un système très en vogue pour faire disparaître les tresses

Des sunny girls se retrouvent sur des essuies-glace en action à parfaire leur façon de vernir leurs ongles

Mon moi profond est devenu un métronome que j'écoute en faisant des soustractions

Vous êtes désormais moins-vous je pense pouvoir faire votre autoportrait

Metronome

At times I need to be something like a solution painted in India ink

I come back in a book on a missing page I am this miniature book

Made invisible by a very in vogue system to make braided hair disappear

The Sunny Girls meet on the swishing windshield wipers to perfect the way they paint their nails

My inner self has become a metronome I listen to while performing subtractions

You who are already less-you I think I could paint your self-portrait

Visage vide rose

Une fourmi venait de grimper sur le visage vide et rose

La princesse se consumait en regardant un os de son orteil se déformer

Si je ne peux ni pleurer ni inventer une direction

Il reste le poème flottant d'un ange déchu parti à la recherche de lui-même

Avec son torse velu, ses muscles, sa barbe, ses yeux bleus pénétrants

Blank pink face

An ant just climbed onto the pink and empty face

The princess was consuming herself while watching a bone in her toe deform

While I can neither cry nor invent a direction

A poem floats down from a fallen angel who went in search of himself

With his velvet torso, his muscles, his beard, his penetrating blue eyes

La maison des phrases liquides

House of liquid sentences

Aujourd'hui je suis contente d'être moi
Buvant une tasse de thé vert
Lisant des poèmes coréens bien traduits
Contrariée par d'autres choses réduites en cendres

La contrariété fait partie du réel m'avait-on dit
J'ai vu pire que la contrariété
Les os d'un revenant dans un bol de nouilles

Le trou noir qui traîne sur le sol
M'envahit comme une tristesse passagère
La fête des arbres est déjà devenue un défilé de mode
« You are so great ! » au milieu de la forêt la mondanité prend le
  pas sur la pulsation

La mariée finale en robe de dentelle
Est une nonne qui entre en scène et cache le trou avec sa traîne

Today I am happy being me
Drinking a cup of green tea
Reading good translations of Korean poems
Upset by other things reduced to ashes

Being upset is a part of reality I was told
I've seen worse than being upset
The bones of a ghost in a bowl of noodles

The black hole that lingers on the floor
Invades me like a passing sadness
The festival of trees has already become a fashion show
"You are so great!" in the middle of the forest the mundanity takes
    precedence over the pulsation

The final bride in lace dress
Is a nun who takes the stage and hides the hole with her train

Kidnapping

Toutes les adolescentes séquestrées se réfugient sous la table
Sachant qu'une fille dévorée par une mère dévorée par une mère
Ne peut pas venir se délivrer elle-même

Les chaussures sans lacets pour vous servir

À deux mètres de la petite séquestrée qui sirote un jus de pamplemousse rose
La lune et la paille sont vénérées par le propriétaire de cette maison, il suffit de voir le nombre de locataires aspirant une lumière rouge

Kidnapping

All the sequestered teenagers take refuge under the table
Knowing that a daughter devoured by a mother devoured by a mother
Can't come to save herself

Shoes without laces at your service

Two meters away from the little sequestered girl who sips pink grapefruit juice
The moon and the straw are worshipped by the owner of this house, just look at the number of tenants slurping up the red light

Je suis une pensée
Fleur tubéreuse, mais pas fleur à n'importe quel prix

À toi de devenir moins-toi pour te produire sous le nom de tige
Entraînant dans ton lit un radeau rempli d'écailles de pensées jetées à la mer puis sauvées des eaux

Les mêmes pensées se rejoignent sur un récif de corail
Avec une histoire de filles cruelles qui attrapent une grappe de nuages rouges

Alors je sers un repas copieux à l'une d'entre elles et je soulève mes écailles de pensées
En chantant « ce qui arrive est fait pour toi ce qui arrive est fait pour toi »

Derrière la montagne il y a le visage géant d'un homme, dépoussiéré par le temps
Je vais embrasser ses lèvres géantes

Une voix tombe à la renverse, dans une flaque violette qui se mêle au crépuscule
« Que voulez-vous ? Être une pensée ou un trottoir pour sirènes décomposées ? »

Buvez ce breuvage
C'est une potion de pensées intensives dont on vous a dit de vous débarrasser

I am a thought
Tuberous flower, but not just any flower

It's up to you to become less-you in bringing yourself forth as a stem
Dragging into your bed a raft full of splintered thoughts cast to the sea then rescued from the water

The same thoughts gather together on a coral reef
With a story of cruel girls who catch clusters of red clouds

So I serve a sizeable meal to one of them and lift my scaly thoughts
Singing "what happens is made for you what happens is made for you"

Behind the mountain is a giant face of a man, dusted with time
I'm going to kiss his giant lips

A voice falls backwards, into a violet puddle that mingles with twilight
"What do you want? To be a thought or a treading ground for decomposing sirens?"

Drink this drink
It's a potion of intensive thoughts you were told to get rid of

Elles sont recluses dans ce Donjon
Rien n'en sort plus même les marques du temps se transforment
   vêtements pensifs

Le repas est constitué d'œufs brouillés, de larmes de crocodile
   entortillées sur elles-mêmes
Le tout accompagné d'un pain spécial aux vertus millénaires

Se goinfrer dans une capsule mauve avant l'aurore permettra
Aux écolières d'avancer dans la vie comme des robots sans bouche

The women are secluded in this Dungeon
Nothing leaves it anymore even the marks of time are transformed into pensive garments

Their meal consists of scrambled eggs, crocodile tears twisted around each other
All accompanied by a special bread with thousand-year-old virtues

Stuffing their faces in a mauve capsule before dawn will allow
These schoolgirls to get ahead in life like robots without mouths

Sillon & balayette

Tous les parquets sont-ils des livres remplis d'ombre ?
La chambre crie mais j'ignore ce qu'elle dit
Avec quel corps emprunter ce corridor flexible ?
S'il devient une mélodie d'ambiance pour le plus grand des labyrinthes

L'avez-vous bien écoutée ?
Finies les clameurs sérigraphiées, finies les pages envahies de portraits
Elle est dévorée par une araignée du soir en pleine reconstruction

Je ne fais de phrases que pour répondre à ce manuscrit déposé par des ailes noires
Cela semble correspondre à l'imitation synthétique de la suie
Ou fréquence d'un état modifié de conscience

Je dois demander à la femme de chambre la permission d'être intégrée dans le puzzle de sa vie ou d'en détenir une pièce manquante

La deuxième chambre qui avait toujours été fermée à clé devient une respiration grandissante
Si l'on progresse vers la source du son, on arrive à une chaise où personne ne s'assoit

Dans cette cage les habitants peuvent disparaître à tout moment sans ouvrir de portes
Exception faite pour les essaims de sorcières dont la reproduction exige des dons innés

Furrow & whisk broom

Are all parquet floors books filled with shadows?
The room is screaming but I ignore what it's saying
With which body do I walk down this flexible hallway?
If it becomes an ambient melody for the biggest of labyrinths

Did you really listen to it?
No more silk-screen clamors, no more pages invaded by portraits
She is devoured by an evening spider in full reconstruction

I make sentences only to answer this manuscript delivered by
    black wings
It seems to correspond to a synthetic imitation of soot
Or the frequency of a modified state of awareness

I must ask the maid for permission to be included in the puzzle of
    her life or to hold a missing piece

The second room which had always been locked becomes a
    growing breath
If we move closer to the source of the sound, we find a chair where
    no one is sitting

In this cage the residents can disappear at any moment without
    opening the doors
Exceptions made for the swarms of witches whose reproduction
    requires innate gifts

Forêt de voix

Je pensais à cette cloche qui piège des étudiantes morcelées

Les maris mortifères ne s'arrêtent jamais de sonner dans l'esprit des vivants

Quand j'avais 12 ans, j'étais allée dans la dernière maison de Sylvia Plath, dans le Devon, avec Olwyn, la sœur de Ted Hughes, ma tante de cœur, quand le miroir de Sylvia ou le souvenir d'Assia revenait nous hanter dans le salon de sa seconde maison de Chetwing Road[1], elle sortait ses éphémérides, un gros volume en fin de parcours avec des pages déchirées et reconstruisait nos thèmes astraux

C'est une bibliothèque de présages qui m'a fait douter du réel

Chaque ouverture englobait la cacophonie de femmes entre elles, nous étions enveloppées d'une aura paternelle, comme ces sorcières qu'on brûle avec des mots

Si une cloche vous porte vers d'autres cloches aimantées, vers les livres of Sylvia Plath que je lisais dans le grenier de Ted Hughes, si une filiation nouvelle peut être induite alors je cesse d'être cette boîte remplie d'une autre femme posée à mi-chemin entre une forêt de voix et une symphonie de miroirs

---

[1] Olwyn Hughes vivait à la fin de sa vie dans ce quartier de Kentish Town où l'autrice (qui la considérait comme sa tante de cœur depuis l'enfance et surtout depuis le décès de son père, meilleur ami d'Olwyn), lui rendait visite chaque année seule, puis avec son fils.

Forest of voices

I was thinking about the bell that cages broken female students

The deadly husbands never stop ringing in the minds of the living

When I was twelve years old, I went to Sylvia Plath's final home, in Devon, with Olwyn, Ted Hughes' sister, my auntie, when Sylvia's mirror or Assia's memory came back to haunt us in the living room of her second house on Chetwing Road[1], she would pull out her ephemerides, a large end-to-end volume with torn pages, and reconstruct our birth charts

It's the shelves of omens that made me doubt reality

Each opening englobed the cacophony of women among themselves, we were enveloped in a paternal aura, like these witches they burn with words

If a bell takes you towards other magnetic bells, towards the books of Sylvia Plath that I read in Ted Hughes' attic, if a new lineage can be induced then I stop being this box filled with another woman placed halfway between a forest of voices and a symphony of mirrors

---

[1] At the end of her life, Olwyn Hughes lived in Kentish Town where Moussempès (who had considered her since childhood and certainly since the death of her father, Olwyn's best friend, as her "adopted" aunt) used to visit her each year on her own, then with her son.

Les chaussures d'existence

Je est une lignée d'écriture semi-automatique dans un parcours en eaux profondes
De même qu'un présage n'est pas toujours retenu dans une pièce fermée à double tour

Chère ombre, vous êtes revenue à moi quand j'étais remplie de paillettes bleutées
Je les voyais sortir de ma bouche tout au fond d'un sommeil de plomb

J'ai retrouvé votre esprit dans un rêve qui manquait à l'appel

Vous n'êtes jamais repartie
J'ai pu chausser la paire de souliers abandonnée sous l'escalier

The shoes of existence

I is a lineage of semi-automatic writing on a deep sea expedition
Just as an omen is not always detained in a double-locked room

Dear Shadow, you came back to me when I was filled with blue
    sequins
I saw them come out of my mouth from the depths of slumber

I found your spirit in a missing dream

You never set out again
I was able to fit into the slippers left under the stairs

Chaise ou rêves

Se rasseoir sur la chaise vide devenait un rituel répétitif
Avec une pelle à remords pour nettoyer la cage des présages

J'ai découpé cette pelle et mâchonné les remords
Réduisant les présages en confettis géants

Ce nombril du monde éclairé à la bougie, vous l'avez consigné
   dans la bibliothèque du vide
Qui se remplissait aussitôt en formant des bulles comme un bébé
   brillant

Il me fallait évider soigneusement chaque cercle de pensée
Puis fournir un couvercle en aluminium

On dit des couteaux ou des fourchettes qu'ils nous dévisagent
C'est une considération de famille/torpille

Dont on se pince en rêve
La mâchoire ou la molaire

Chair or dreams

Sitting back on an empty chair became a repetitive ritual
With a remorseful shovel to clean up the cage of omens

I cut up this shovel and chewed the remorse
Reducing the omens to giant confetti

This navel of the candlelit world, you consigned it in the library of emptiness
Which filled itself instantly by making bubbles like a shiny baby

I had to hollow out carefully each circle of thought
Then supply an aluminum lid

They say knives or forks stare at us
An observation of the family/the calamity

With which we pinch ourselves in the dream
Jaw or molar

Le temps de l'écriture (et sur l'expression « tourner la page »)

Voici la petite fille cornée comme une page
Tu l'ouvres tu la déshabilles tu la prends avec toi
Tu lui donnes à manger avec une fourchette tu la tranches dans la longueur

Tu lui confies une page elle s'y étale et se replie avec la page
Tu l'écrases en refermant le livre
A priori elle n'est toujours pas morte elle se déplie avec les mots

La maison de phrases liquides est sa demeure principale
Un rayon lumineux s'attache davantage aux maisons/voix qu'aux sujets invertébrés
Comme une anguille la petite fille perd un cri mais le récupère

C'est la poésie réduite en poudre noire puis retravaillée en pâte vivante avec un peu d'eau
Chaque pause dans un univers donné répand une odeur mystique
Qu'on retire sans pincette d'un temple au-dessus du temps

J'en ai pris conscience—je n'en ai pas pris conscience—
En plongeant mon cœur comme une fourchette dans une mémoire fixe
En aspirant les traits des convives présents lors de la scène finale

Writing time (and on the expression "to turn the page")

Here is the little girl bent over like a page
You open her you undress her you take her with you
You feed her with a fork you slice her lengthwise

You entrust her with a page she spreads herself out and wraps
   herself up with the page
You crush her by closing the book
In theory she is not dead yet she unfolds herself with words

The house of liquid sentences is her main address
A ray of light fastens itself more to the houses/voices than to the
   invertebrate subjects
Like an eel the little girl lets go of a cry but retrieves it

Poetry is reduced to black powder then reworked in living dough
   with a little water
Each pause in a given universe gives off a mystical odor
That we extract without tweezers from a temple above time

I became aware of it—I did not become aware of it—
In sinking my heart like a fork into a fixed memory
In sucking up the features of the guests present in the final scene

Tu peux avoir une petite cabane dans les bois
Rien d'autre
C'est l'œuvre finale qui l'emporte

Tout était dit te voilà dite
Aussi bien que freinée   *(de paradoxes)*

Tout est question de réponse irriguant la partie droite de ton
  cerveau
Comme le ferait une truite en apnée

You can have a little cabin in the woods
Nothing else
It's the final oeuvre that prevails

Everything has been said now look at you stated
As well as slowed   (*by paradoxes*)

Everything is about the answer irrigating the right side of your
   brain
Like a trout in apnea

Sois cette petite lumière argentée
Pleine de ruptures et de forceps

Sois la fourmi qui dépasse de la cuve
L'homme qui s'envole avec le couperet

Be this little silver light
Full of breaches and forceps

Be the ant that vanquishes the vat
The man who flies away with the cleaver

Cils pendant l'orage

Si vraiment ce petit habitacle de voix secondaire me laisse de marbre
Où vont tes pensées ?
Moi qui veux les retenir, les habiller en recueils

Ne revenir les rechercher qu'à l'aurore
Comme une pieuvre aimante, son cœur de carton-pâte

Eyelashes during the storm

If this little abode for a secondary voice has really turned me to
 stone
Where do your thoughts go?
I who want to keep them, dress them up as a collection

Do not come back for them until dawn
Like a loving octopus, her pulpboard heart

Ce corridor était vêtu d'un songe amovible

J'avançais en voyant défiler une fois de plus mes pensées sur le papier peint qui changeait en même temps que mes émotions

Motifs enluminés illustrant la quête « d'absolu » d'une héroïne recluse dans ses pensées

Je suis depuis dans une forme de recul, hôtel paranormal qui résout toutes mes questions

J'observe, je mange des airelles, je me pose sur un nuage rempli de fonctions mémorielles

Je dessine cette ligne de vie autour de mes chevilles, autour de mon cou avec un pendentif serti de minuscules tiroirs

Comme une tige qui grandit dans un flacon de verre
L'exutoire devient emprise

The hallway was dressed in a removable dream

I moved forward seeing my thoughts once more scroll on the wallpaper which changed at the same time as my emotions

Illuminated motifs illustrating the quest for "the absolute" of a heroine reclused in her thoughts

Since then I have been in a type of retreat, paranormal hotel that solves all my questions

I observe, I eat cranberries, I land on a cloud full of memory function

I draw this life-line around my ankles, around my neck a pendant set with miniature drawers

Like a stem growing in a glass bottle
The outlet becomes a hold

Toxic affair

La mère du fils indivisible, la fausse femme du fils et la vraie femme
Sont dévorés avec les loups
C'est encore une sœur qui chasse une autre sœur et prend un volcan à son cou

La fausse mère mange le fils et le recrache avec des noyaux durs et soyeux

Toxic affair

The mother of the indivisible son, the false wife of the son and the real wife
Are devoured along with the wolves
Again a sister chases another sister and takes a volcano to the neck

The false mother eats the son and spits him out in hard and silky pits

Modèles réduits de miroirs rouges

D'avoir poussé mes forces au-dessus du canyon
Avec une carriole remplie de fleurs balisées

Je vois la petite Japonaise
Prise au piège dans un filet

Sors-moi des mailles criait-elle
C'est le métier de miroir qui rentre

Les larmes vitrifiées qu'on fait geler
Pour les manger une fois glacées comme des horloges

Madame la doctoresse de pièges à trous
Sortez chaque trou à l'aide d'une aiguille pour phonographe

Ma langue s'est cachée dans un des trous
Je me souviens d'une bouilloire envahie par les fourmis

Le contexte œil/voix/gravure/insectes rampants
Sortez-moi de ce tableau

Il constitue ma première maison jamais habitée
Dans son fascicule descriptif nommé déraison

Downsized models of red mirrors

Having taken my energy above the canyon
With a cart full of marked flowers

I see the little Japanese girl
Trapped in a net

Get me out of this mesh she cried
The mirror's trade is to return

Vitrified tears we freeze
To eat once frozen like clocks

Madame the Doctor of Trap Holes
Remove each hole using a phonograph needle

My tongue hid in one of the holes
I remember a kettle overtaken by ants

The context of eye/voice/engraving/creeping insects
Get me out of this picture

This is my first house never lived in
In its descriptive leaflet entitled insanity

Je voudrais sortir d'un rêve autour d'une femme qui couche avec une femme sans être une femme—ni un homme
Cette contusion des états provisoires est une force noyautée en elle-même

La femme qui n'en est pas une me demande de l'attendre dans le rêve suivant ou bien je peux l'accompagner la regarder de loin je devrais lui fabriquer un collier de perles auto-fictives

Son visage s'éclaircit au fur et à mesure du rêve pour finir par disparaître totalement
Il reste le corps et l'assemblage de cheveux, parfois un insecte parcourt la face cachée du visage

Je vous décris ce que je suis de l'intérieur mais l'extérieur m'est inconnu
Des tresses de toutes les chevelures de ma vie sont enchevêtrées dans un story-board

Des automates me représentent à divers âges[2], un petit mode d'emploi en soie est introduit dans chaque mécanisme que vous pouvez consulter
Les lèvres font défaut avec un rocher enfoncé dans la bouche : tu te tairas

Tu verseras de l'huile sur ton front, ton visage intérieur réapparaîtra quand tu auras choisi un miroir thématique : trous et langage

---

2 C'est Anie Besnard premier amour d'Antonin Artaud (et compagne, un temps, du père de l'autrice) qui collectionnait les automates dans son appartement de l'île Saint-Louis et offrit à l'autrice une poupée de porcelaine ressemblant à la petite fille de 6 ans qu'elle était ainsi qu'un petit ourson automate appelé Ben par l'autrice puis perdu au décès de son père en 1981.

I would like to get out of this dream about a woman who sleeps
 with a woman without being a woman—or a man
This contusion from provisional states is an infiltrated force in
 itself

The woman who is not one asks me to wait for her in the next
 dream or else I can accompany her to look on from afar I should
 make her a necklace of auto-fictional pearls

Her face brightens as the dream progresses and ends up
 disappearing completely
The body remains and the assemblage of hair, at times an insect
 roams the hidden face of her face

I am describing to you what I am on the inside but the outside is
 unknown to me
Braids from all the hair in my life are tangled in a storyboard

Automatons represent me at various ages[2] a small manual in silk is
 introduced in each mechanism you can consult
Lips fail when a stone is driven into the mouth: you will be silent

You will pour oil on your forehead, your inner face will reappear
 when you have chosen a mirror on theme: holes and language

---

2 Anie Besnard, Antonin Artaud's first love (and companion, for a time, of Moussempès' father) was the one who collected automatons in her apartment on the Île Saint-Louis and gave Moussempès a porcelain doll resembling the 6-year-old girl she was, as well as a little automaton teddy bear that Moussempès named Ben, which she then lost when her father died in 1981.

La maison du miroir rempli de visages oubliés
La maison des poèmes emprisonnés dans une boîte vivante
La maison dévorée par le bruit des pas qui m'agace
Les pas de la mère mangée par une autre mère donnent une fille
  qui recrache sa mère sur le plancher

House of mirrors filled with forgotten faces
House of poems imprisoned in a living box
House devoured by the sounds of footsteps that irritate me
Footsteps of a mother eaten by another mother yielding a
   daughter who spits her mother out on the floor

Contusion amoureuse

(Pour R.)

Soudain ma baignoire porte un nom
Je soulève ce nom et j'entrevois un système de vaisseaux
	entremêlés
À croire que le sang est la mémoire de cette baignoire d'eau douce
Je ne lui donne pas d'entités à manger
Il y a des dents autour du nom

Cet homme que j'aimais a perdu son premier nom après sa
	première dent
Le deuxième nom s'est changé en siphon rempli de mousse
	verdâtre

Loving bruise

(for R.)

Suddenly my bathtub has a name
I lift up this name and glimpse a system of interlocking vessels
To believe that blood is the memory of this tub of fresh water
I do not give him entities to eat
There are teeth around the name

This man I loved lost his first name after his first tooth
The second name changed into a siphon filled with greenish moss

La femme qui voulait se changer en ciseaux

Une rivière en fuite voudrait se faire saisir par les pieds

Le miroir part se démaquiller dans la sixième maison

Une petite voix fait office de réfrigérateur, quand je la presse entre mes mains

Des dents inconnues l'apprivoisent tel un oiseau ébréché

Les ciseaux sont des amis incompressibles

Dans le couloir du film un homme se fissure

Les otages des souvenirs forment une grande chaîne sans fin

Ma chambre me poursuit jusqu'à un lac, en écartant ses paupières

Je lis une inscription sur ses nageoires : DORMIR OU COUPER CHOISISSEZ VOTRE SONGE IDÉAL

Je choisis COUPER mais je me remémore la suite de DORMIR

Une femme vit dans un centre d'art projetant un film en boucle sur des fragments bleus

Elle boit ses propres larmes parfumées à l'hypnose

Pour cette princesse en elle et pour le sang noir qui l'entoure

Elle finit par renoncer à COUPER mais ne choisit pas DORMIR pour autant

The woman who wanted to become scissors

A river on the run would like to be grasped by its feet

The mirror leaves to remove its makeup in the sixth house

A small voice acts as a refrigerator, when I press it between my hands

Unknown teeth tame it like a jagged bird

Scissors are incompressible friends

In the hallway of a film a man cracks

The hostages of memories form a great endless chain

My room follows me to a lake, by spreading its eyelids

I read an inscription on its fins: SLEEP OR CUT CHOOSE YOUR IDEAL DREAM

I chose CUT but I remember the rest of SLEEP

A woman lives in an art center projecting a film in loop on blue fragments

She drinks her own hypnotic-scented tears

For this princess in her and for the black blood that surrounds her

She finally gives up CUT but does not however choose SLEEP

Deux miroirs se reflètent face à face

La chambre flotte en lévitation les yeux sont tapissés de vitraux

C'est mon souffle, sous lui, par lui, mon crâne rempli de la même obsession

Où est-il une fois coupé en deux ?

Two mirrors are reflected face to face

The room floats in levitation the eyes are lined with stained glass

It's my breath, under him, by him, my skull full of the same obsession

Where is he once I'm severed in two?

Cassandre à bout portant

Cassandra at point-blank range

Contenu d'un couteau

Sous ta langue se trouvent des fraises miniatures aussi violettes que des myrtilles

Ta langue est lacérée dans le sens de la conscience (je n'en vois que les ramifications)

Le contenu suivant s'est planté dans une matière pleine de non-dits

En buvant l'eau bénite de la petite bouteille en forme de Vierge Marie

Je vois des jambes et des souliers vernis s'accrocher à nos langues

Notre amour flotte dans le ciel tel un condiment extra-terrestre

Contents of a knife

Under your tongue are miniature strawberries as purple as blueberries

Your tongue is lacerated in the direction of consciousness (I only see the ramifications)

The following content wedged itself into a substance full of unsaids

While drinking holy water from the small bottle shaped like the Virgin Mary

I see legs and patent leather shoes latching onto our tongues

Our love floats in the sky like an extra-terrestrial condiment

Je pendrai ton visage et j'enfoncerai des ciseaux dans ton dos

(je fus invitée à toucher ton sexe comme une chose dure et crue)

Même si tes yeux comportent d'autres yeux sédatifs

Le diaporama de toute une vie scotché sur la partie médiane de ton regard

C'est la fonction de la page, tunique médicamenteuse

I will hang your face and drive scissors into your back

(I was invited to touch your cock like a hard and raw thing)

Even if your eyes contain other sedative eyes

The slideshow of an entire life taped to the median of your regard

It's the function of the page, medicinal tunic

Maison hachoir

Une assiette de langues et deux couvertures de neige séchée font office de cadeau de bienvenue

Sachez converser avec l'ennemie

Prenez sa robe de lichen ouvrez-la glissez un tournevis

Soyez vous moins vos mères vos tantes vos sœurs vos grand-mères (gardez votre père)

Recrachez-les dans un embryon incolore en retirant chaque pic à la pince à épiler

Soyez une petite plante carnivore qui se déguste elle-même dans un liquide rouge

En frappant la violence la violence devient une hostie au confessionnal

Mariée à la prunelle de ses yeux par un corps fantôme

C'est le premier chant anesthésié d'un visage en dentelle

Au pays des cerf-volants envoûtés sachez tenir votre ouvrage par son aiguille

Tant que le fœtus reste gélatineux sa mère lui murmure une berceuse

La dignité frémit dans une casserole d'eau bouillante et finit par former un visage

À mettre en bocal et servir plus tard sur un miroir humide

Chopping house

A plate of tongues and two blankets of dried snow serve as a welcome gift

Know how to converse with the enemy

Take her dress made of lichen open it slip in a screwdriver

Be less your mothers your aunts your sisters your grandmothers (keep your father)

Spit them back into a colorless embryo removing each pick with tweezers

Be a little carnivorous plant that eats itself in red liquid

While striking the violence the violence becomes a confessional host

Married to the apple of her eye by a ghostly body

It's the first anesthetized song of a face in lace

In the country of bewitched kites know how to hold your work by its needle

As long as the fetus stays gelatinous its mother whispers a lullaby

Dignity trembles in a pot of boiling water and eventually forms a face

To put in a jar and serve later on a wet mirror

Sirènes perfusées (auto-démontables)

Pour Unika, Sylvia, Emily, Gaspara, Virginia

La tristesse est un plat congelé à base de vives séquestrées dans un tiroir-pensée

Chaque sirène est capturée tandis que je fornique avec mon ombre reproductible

Messaline coupe la tête des idées noires et non celle des poissons rouges

Je perfuse une femme fantôme installée sur une civière

Dans cette série culte, s'écoulent en flux constant des actrices creusées par des tiges et des lacs

Le poster agrafé sur la partie sombre de ton art représente l'intérieur d'une boîte qui ne se souvient de rien pour le moment

Petite métaphysique de derrière les fagots un trou voudrait parfois hurler au théâtre des trous

Des princesses hurlent à sa place quand le son est coupé

La lune des paupières se rajoute à la liste de mes prophétesses préférées

Le corridor est un tunnel sans fin qu'on recoud avec des portes constellées de serrures

Il fabrique des pupilles directoires et des regards posés sur le siècle

Infused sirens (self-collapsible)

for Unika, Sylvia, Emily, Gaspara, Virginia

Sadness is a frozen dish made from sequestered weever fish in a thought-drawer

Each siren is captured while I fornicate with my replicable shadow

Messalina is cutting the heads off of dark thoughts and not off of goldfish

I perfuse a ghost woman seated on a stretcher

In this cult series, flows a constant stream of actresses hollowed out by stems and lakes

The poster stapled to the dark part of your art represents the inside of a box that can't recall anything at the moment

Little metaphysics from out of nowhere a hole would sometimes like to scream in the theater of holes

Instead princesses scream in its place when the volume is muted

The eye-lidded moon is added to my list of favorite prophetesses

The hallway is an endless tunnel sewn up with doors studded with locks

It makes a directory of pupils that gazes out over the century

Piscine humaine

En vivant dans ma bouche
Tu es phonétiquement
À la bonne place

Le poème érotique ne se conçoit pas
Comme une jambe dépliée
Lors d'un mariage de fluides

Il fait office de coupelle sur pilotis
Dans un paragraphe sans discours

Human pool

By living in my mouth
You are phonetically
In the right place

The erotic poem does not conceive itself
Like an outstretched leg
At a wedding of fluids

It acts as a cup on stilts
In a paragraph without speech

Repeindre un fragment de phrase

Le désordre d'une maison renvoie
À être moi-même un poème
(Ce bulbe de tulipe impossible à sectionner)
Oublié dans une chambre en travaux

Si ouvrir une fenêtre sur un balcon nous fait devenir ce balcon
Orné de fleurs psychiques et de « mauvaises » herbes
(Obsessions de l'esprit)
Les perturbations viennent d'elles-mêmes alléger le sac de la
 douance

Quand la fraîcheur d'une nuit sérigraphiée
Vient ici-bas me définir en fille aimée d'un père mort
(La mécanique des songes)
& paravent d'une mère prothèse

Repainting a sentence fragment

The disorder of a house means
Being myself a poem
(This tulip bulb impossible to dissect)
Forgotten in a room under construction

If opening a window on a balcony makes us become this balcony
Adorned with psychic flowers and "bad" seeds
(Obsessions of the mind)
Disturbances come on their own to lighten the bag of giftedness

When the coolness of a silk-screened night
Comes here below defining me as the beloved daughter of a dead
   father
(The mechanics of dreams)
& the veneer of a prosthetic mother

La prose dit tout de manière agacée
Sauf si poésie s'en mêle mais alors
Description sera dissolue

Poésie est une idée du ciel noir et
Des pensées rouges qui le perturbent
La spéculation y devient tentacule

Comme l'araignée au milieu de sa toile
Me voici réductible en cylindre
Je suis tableau de moi-même sortie d'un tissu organique

Starlette mystère à deviner devant le poème
Petite camisole régurgitant un monstre
Miss Onde cérébrale déguisée en poisson japonais

Et non poème d'appât

Prose says it all in a frustrated manner
Except if poetry interferes but then
Description gets dissolved

Poetry is an idea of the black sky and
Red thoughts that disturb it
Speculation becomes a tentacle there

Like the spider in the middle of its web
Here I can be reduced to a cylinder
I am a self-painting emerging from organic fabric

The riddle of a starlet to solve before the poem
Little camisole regurgitating a monster
Miss Brainwave disguised as a Japanese fish

And not a poem as bait

Histoire sonore de Venice Beach

Soundscape of Venice Beach

Cils partageant un tableau de maître

Des étoiles blanches vues de ma chambre
Offrent une résolution à l'espace clos

La créature au-dessus du cadre
Se distancie de la lave qui la poursuit

Monticule de prémonitions
& choix de l'allure

Lashes sharing a masterpiece

White stars seen from my room
Offer resolution to the closed space

The creature above the frame
Takes distance from the lava chasing it

Monticule of premonitions
& choice of pace

Je vois au loin un ciel rose et un ciel noir en moi
Je remplace la poésie par des boissons protéinées
Ou des cerises en gélatine pour combler un déficit

Je deviens le poème que j'écris
De la glotte aux muqueuses préraphaélites
Poème cicatrice ou flacon d'eau de rose

Dans une chambre obscure avec un dessin animé que personne ne regarde
Le poème se tient là devant toi corridor sans porte
À la verticale

I see in the distance a pink sky and a black sky in me
I replace poetry with protein drinks
Or gelatin cherries to make up for a deficit

I am becoming the poem I am writing
From the glottis to the pre-Raphaelite mucus
Scar poem or bottle of rose water

In a dark room with a cartoon that no one is watching
The poem stands before you there hallway without door
Upright

Crédibilité

Mes pensées se déversent d'un vase à l'autre
Je me noie dans la maison de phrases liquides
Que j'enregistre en évitant les sons extérieurs

Ciel reclus et dînette chamanique
M'aident à percevoir une nouvelle recrue fantôme
J'exclus la boîte sans fond des contradictions

Ouverte sur l'abîme en queue de pie
Voyelle découpée à la hache
Avec une morale rythmique appelée ponctuation

La masse de vies engagées
Indique à l'insouciant de « revoir sa copie »
Plus promptement que sa mièvrerie

Le tissu des syllabes fait partie de vos corps
Saboté par endroit mais le mien je l'encercle
J'en suis la claustrophobie assumée

Credibility

My thoughts are poured from vase to vase
I am drowning in the house of liquid sentences
That I record while avoiding external sounds

Reclused sky and shamanic dinner set
Help me to perceive a newly recruited ghost
I exclude the bottomless box from contradictions

Open onto the magpie tail-shaped abyss
A vowel cut up by an ax
With a rhythmic morale known as punctuation

The mass of lives involved
Tells the careless one to "review his paper"
More promptly than his sappiness

The fabric of syllables is part of your body
Sabotaged in places but mine encircles it
I am its self-confessed claustrophobia

Histoire sonore de Venice Beach

Être soi requiert d'aller là où on ne voit personne
D'y amener une petite lampe combustible
Un homme qui ne se connaît pas croit trouver chez moi
Son précipice interne

C'est la chute assurée d'une colonne de pensées
Silex ou frottements des corps
Créent une ruelle dans un film sur les cycles hormonaux
Tu as participé à cette conclusion de la négation

Nous voici réunis
Tu habites une maison érotique scindée en deux visions
Des restaurants forment un dédale de phrases
Que tu appelles promiscuité ou Venice Beach

Soundscape of Venice Beach

Being oneself requires going where we see no one
Bringing along a small battery-powered flashlight
A man who does not know himself thinks he finds in me
His inner precipice

The guaranteed tumble of a column of thoughts
Silex or bodies rubbing
Create an alley in a film on hormonal cycles
You have participated in the conclusion of this negation

Here we are reunited
You live in an erotic house split into two visions
Restaurants form a maze of sentences
That you call promiscuity or Venice Beach

Je congèle tes paroles sur un mur de ciment
Quand tu reviendras les chercher tu auras oublié
Ce sonnet dithyrambique sur la face cachée
De ton existence je te soumettrai à une expertise
Dans une petite pièce encore remplie de chaînons

Sexes ou paroles flottantes sur l'eau d'un lac
J'appelle au secours avec un sentiment de noyade
Qui n'est pas justifié j'aime les profondeurs
Et je sais parfaitement nager
Poésie cyclique vaut pour assassinat du passé

« Va te faire foutre » mais n'en fais pas trop
C'est juste le décor d'une histoire personnelle
Avec des femmes, des animaux, des maisons, une vallée
La tournure des choses ou l'apparence d'un nuage sont
Des actes isolés sans compréhension mutuelle

Ce sonnet part dans tous les sens, c'est le moment de le faire
    exploser
En expirant par ma bouche toutes sortes de traumas murmurés
Je les expulse je les réinjecte, des années sortent avec des rapaces
Je suis assise mais pas maîtrisée j'ai un pistolet lance-roquette

Va placer ma réalité dans une boîte piégée
Tu verras j'en sortirai intacte
Avec des bruits urbains pour fond sonore
La première prise sera la bonne
En tant que phrase silencieuse liée aux retrouvailles

I freeze your words on a cement wall
When you come back to get them you will have forgotten
This laudatory sonnet on the back side
Of your existence I will submit you to an appraisal
In a small room still full of chain links

Sexual organs or words floating on the water of a lake
I call out for help with a feeling of drowning
That is not justified I like the depths
And I can swim well any day
Cyclical poetry assassinates the past away

"Go fuck yourself" but don't worry too much
It's just the décor of a personal story
With women, animals, houses, a valley
The expression of things or the appearance of a cloud are
Isolated acts with no mutual understanding

This sonnet is getting off topic, it's time for it to explode
By breathing out through my mouth all kinds of mumbled
    trauma
I expulse and reinject them, years come out with birds of prey
I am sitting but not under control I have a rocket shooting gun

Go put my reality in a booby-trapped box
You will see I will come out intact
With city noises as a sonorous backdrop
The first shot will be the best
As a silent sentence connected to the reunion

Je suis une fenêtre panoramique
Je t'installe sous mes yeux dans le sonnet
Parmi les mots je dois retourner chaque lettre
Pour te trouver et quand je te retrouve
J'entends une explosion de faible intensité

I am a panoramic window
In the sonnet I set you down before my eyes
Among the words I must turn over each letter
To find you and when I do
I hear a low-intensity explosion

Folie et véranda

Madness and veranda

Cassandre amplifiée

Je dresse de ce portrait un souvenir précis
Je suis dans la salle de bains
Je vole un miroir par la pensée
Ce qui donne une photo invisible sur la page
Que vous voyez avant après avant

Je suis ce miroir qui ne veut pas me voir
La femme disparaît mais son regard ne vous quitte pas
Qui est-elle, observez-vous une volonté de communiquer avec
   l'amant qui sort du cadre ?
Ou bien cette femme a-t-elle entrepris
De revenir là où vous ne la voyez plus ?

Cassandra amplified

I draw up from this portrait a precise memory
I am in the bathroom
I steal a mirror with a thought
That makes an invisible photo on the page
Which you see before after before

I am this mirror that doesn't want to see me
The woman disappears but her gaze does not leave you
Who is she, do you observe a willingness to communicate with the
    lover who is coming out of the frame?
Or has this woman undertaken
A return to there where you no longer see her?

Radiateur-crème de miroir-objets pensifs

Si j'écoute une boîte rose me contredire, cela me berce
Si j'ouvre cette boîte je trouve un haut parleur dans une autre boîte et ainsi de suite jusqu'au modèle microscopique de boîte sans parole

Je me mangerai moi-même alors en tant que boîte rose écervelée qui n'a pas veillé à rallumer le congélateur

— « Sois une petite boîte rose confinée, qui doit se taire »
— « Sois la luminosité ambiante captée par les boîtes enrubannées »

Une petite fille à l'intérieur de la boîte rose se réveille à l'intérieur d'une autre boîte volée
Elle est massacrée par sa mère à coups de ciseaux

C'est en mangeant une tomate cerise dont le jus a jailli sur un miroir juste devant mes yeux
Que j'ai réalisé ce que représentait une mère hachant menu sa fille devenue mère

Un radiateur peut causer une fonte rapide ou l'alibi d'une plaie mortelle
La crème de miroir s'étale sur chaque boîte survivante et des objets pensifs en sortent sans arrêt sans trouver le reflet qui leur appartient

Cream-radiator of pensive mirror-objects

If I listen to a pink box contradict me, I am lulled
If I open this box I find a loudspeaker in another box and so on
 until I reach the microscopic model of a box without speech

I will then eat myself like a scatterbrained pink box who forgot to
 turn the freezer back on

— "Be a little confined pink box, who must be silent"
— "Be the ambient light captured by the wrapped boxes"

A little girl inside the pink box wakes up inside another stolen box
She is massacred by her mother in several scissor cuts

It was while eating a cherry tomato whose juice squirted onto the
 mirror just in front of my eyes
That I realized what it meant for a mother to chop up her
 daughter who had become a mother

A radiator can cause a rapid meltdown or be the alibi of a fatal
 wound
The cream of the mirror spreads out over each surviving box and
 the pensive objects continue to emerge without finding the
 reflection that belongs to them

Vie et mort de la nourriture secondaire d'une sirène

Je suis allongée sur mon ombre que je grignote peu à peu
Mon oreille se décolle du sol
Si je vais au fond de mon ombre
Les choses s'allongent comme des prophéties
Jusqu'où va la profondeur ?
À partir d'où redevient-elle surface ?

Je dois nourrir l'ombre qui nourrit la profondeur
Les vitamines s'entassent dans une assiette
C'est un endroit clos mais je ne veux pas en parler
Je peux maintenant lire en moi et ce qui sort flotte
Bouche cousue, comme dans un rêve prémonitoire
Excès de draps et de noyades

Balisant chaque pas d'une sirène
Les cris d'une fin de grossesse qui se passe au mieux
Chaque sirène porte en elle une femme atomisée
Qui a voulu reconquérir le plus beau des marins
En l'envoûtant avec des phalanges manquantes

Life and death of the siren's secondary supply

I am lying down on my shadow which I nibble at little by little
My ear unsticks itself from the floor
If I go to the depths of my shadow
Things unfold like prophecies
Just how deep does it go?
Where does it surface again?

I must feed the shadow that feeds the depths
Vitamins pile up on a plate
It's a closed place but I do not want to talk about it
I can now read inside myself and what comes out floats
Mouth sewn, like a premonitory dream
Excess of sheets and drownings

Marking each step of the siren
The cries at the end of a pregnancy that is going well
Every siren carries within her an atomized woman
Who wanted to win back the most handsome sailor
By bewitching him with her missing phalanges

Folie et véranda

La folie entraînant le poème ou le poème entraînant la folie se tiennent là tous deux enrubannés devant un sirop de grenade prêts à dégoupiller la leur posée sur le ventre

Ce poème servira de boisson fraîche à maîtresse de maison qui apporte un plateau UNIQUEMENT pour la véranda où les amis ne vont jamais celle ou il fait trop chaud ou trop froid

Celle qu'on a construite pour des jours meilleurs sans penser à la folie entraînant le poème ou le poème entraînant la folie quand la maison vomit de minuscules infirmières en pâte à papier

On l'appelle véranda boulimique vomisseuse aux dents acérées elle ne plaît pas dans les dîners où ses créatures perturbantes finissent hachées menues pour saupoudrer le plat de résistance

Madness and veranda

Madness leading to the poem or the poem leading to madness both stand beribboned, in front of a grenadine soda, ready to pull at the pin of their own bellies

This poem will serve a cool beverage to the mistress of the house who brings a tray for the veranda ONLY where friends never go the one where it is always too hot or too cold

The one we built for better days without thinking of the madness leading to the poem or the poem leading to madness when the house vomits tiny papier-mâché nurses

We call it the bulimic veranda vomiter of barbed teeth she isn't pleased during the dinners where her disturbing creatures end up minced and sprinkled over the plat de résistance

Graphiques sonores et taille de guêpe

Prima donna, Angelica Pandolfini mon ancêtre me donna sa
   tessiture d'un siècle à l'autre
Femme longiligne, taffetas rose, visage au grand nez, boucles brunes
Le portrait siégeait dans le salon de grand-mère femme de général
Mais nul n'avait écouté la voix organique le corps s'étant détaché
   du projet familial

Nulle part ses lèvres mouvantes pour sortir un son strident
Nulle alcôve des ses amours si ce n'est Toscanini en fond brumeux
Princesse diva moins jolie que sa nièce bien mariée ne se maria
   jamais
N'en souffrit pas et ne fut que voix dans un fauteuil silencieux

Puis buste de velours à la Scala de Milan
On brûle à présent les femmes sorcières on les nomme ainsi sans
   les nommer
Le « on » est bien souvent un homme ou une femme remplie de
   morceaux d'hommes
On leur reproche la voix et le corps on les voudrait en pages
   mentales

Mieux adaptées aux formes intellectuelles dit-on de ce siècle on se
   trompe
« J'habite le féminin » c'est ainsi que se décrivait ma voix
Dans un entretien pour une revue sur l'invisible et l'inaudible
J'étais parisienne de naissance, basque et sicilienne d'origine
Les thématiques poétiques reflétaient ma vie en tout point son & chant
Mémoires vocales archivées au Muséum des tessitures et
Livre après livre on restitue les traumas même s'ils ne font
Pas davantage comprendre ce qui s'échappe du poème

Sound graphics and hourglass figure

Prima donna, Angelica Pandolfini my ancestor gave me her
   century-old tessitura
Slender woman, pink taffeta, face with a large nose, brown curls
The portrait sat in the living room of my grandmother, wife of a
   general
But no one had listened to the organic voice the body having
   detached itself from the family project

Nowhere do her moving lips let out a shrill sound
No alcove of past loves except Toscanini in the hazy background
Diva princess, less beautiful than her well-married niece, will not
   marry
Did not suffer from it and was sole voice of a silent armchair

Then velvet bust in the La Scala in Milan
We burn women as witches we name them so without naming
   them
The "we" is often a man or a woman filled with pieces of men
We reproach them for the voice and the body we would like them
   in mental pages

Better adapted to intellectual forms we say of this century we are
   wrong
"I embody the feminine" that is how my voice is described
In an interview for a review on the invisible and the inaudible
I was Parisian by birth, Basque and Sicilian by origin
The poetic themes reflected my life in every way pitch & song
Vocal memories archived in the Museum of Tessitura and
Book after book we restore the trauma even if they don't help
To better understand what escapes from the poem

Prosodie de l'accueil

Codes sociétaux n'engendreront pas chaos de sons et d'intensités
Mais une ligne ainsi décrite, la partition de traumas intégrés

À ma voix retrouvée dans une boîte vocale évidée on peut ajouter l'aura en rembobinant avec l'index les bandes magnétiques entortillées d'une vielle K7

Vous pouvez l'entendre ci-dessous en passant votre doigt sur cette trace visible de mon subconscient :

͵͵͵
͵͵͵
͵͵

PRIÈRE D'ENTONNER ICI CE QUI FUT LA COURBE DE MON CHANT INVISIBLE

Prosody of welcome

Social codes will not breed a mess of sounds and intensities
But a line drawn as such, the musical score for integrated traumas

To my voice found in a recessed answering machine we can add a bit of aura by rewinding the twisted cassette tapes with an index finger

You can hear it below as you run your digits over this visible trace of my subconscious:

⟩⟩
⟩⟩⟩
⟩⟩⟩

PLEASE INTONE HERE WHAT WERE THE CONTOURS OF MY INVISIBLE SONG

Prison-vortex

Je délivre un mensonge qui ne m'appartient pas, transie de froid et de faim
Je suis une petite prison illuminée dont les travaux de réhabilitation viennent à peine de s'achever
Plus légère qu'une plume, plus douce et résistante qu'un tampon imbibé de sang
Plus rigoureuse qu'une school-girl japonaise

Je me glisse dans un mensonge et l'empaquette
Je fais corps avec cette chose envoûtante sortie d'un roseau marbré
Il y a dix-neuf prisons ligotées
Je couche avec ton ombre la première sur une liste de plusieurs moi

L'impression est indélébile
Elle fera office de prison désarticulée
Il me reste moi moins toi rôdant sous tes fenêtres en aluminium
Une opération chirurgicale suffit à détacher prison de vortex

Le goût amer de la voyance, les forêts habitant chaque prison
Je cisaille la cordelette et me retrouve à l'abri du mensonge
Cette fente suinte du sang bleu il faut la remplir régulièrement
En cachant le trousseau de clefs ici

Ton émotion a fait de moi une habitante enrubannée par cinq mille prisons
Mes sœurs jumelles rétrécies s'engouffrent dans la réalité
Mais ne peuvent recouvrir avec leurs seuls corps ces trous prisonniers
L'œil dans l'eau, l'œil des clefs, les chaussures sans pieds

Prison-vortex

I deliver a lie that doesn't belong to me, transfixed by hunger and cold
I am a little illuminated prison whose rehabilitation work has just been completed
Lighter than a feather, softer and more resistant than a blood-soaked tampon
More rigorous than a Japanese school girl

I slip into the lie and package it up
I am one with this bewitching thing released from a marbled reed
There are nineteen prisons bound together
I sleep with your shadow the first on a list of multiple me's

The impression is indelible
It will act as a disarticulated prison
I am left with myself minus you roaming under your aluminum windows
A surgical operation is enough to detach prison from vortex

The bitter taste of clairvoyance, the forests living in each prison
I clip the cord and find myself sheltered from the lie
This crack oozes blue blood it needs to be refilled often
By hiding the set of keys here

Your emotions made me a resident wrapped up in five thousand prisons
My shrunken twin sisters rush into reality
But can't cover these prison holes with their bodies alone
Eye in the water, eye of the keys, shoes without feet

Statuette dansante

Ma robe saigne dans la nuit impliquant des tuyaux organiques
Je suis contenue dans un ruban rouge gorgé d'eau

Maculée du sang d'une statuette dansante
Chaque tunique possède un langage et chaque rouge est différencié

Des bénévoles réécrivent une mélodie faite de rires et de bruits de scalpel
Sur papier buvard—métaphore en dos nu rose—

Le rose fantôme moins rouge que la phrase massacrée dans un mariage de raison
La naphtaline ajoutée à l'eau du bain pour les plus courageuses

Signification intitulée « méthode pour corps débordant »
Plafond se réduisant comme peau de chagrin

Les forêts se retirent des baignoires en enlaçant d'autres forêts
Puis entonnent au loin « ICI LAVAGE GRATUIT POUR REVENANTES TACTILES »

Dancing statuette

My dress bleeds at night implicating organic pipes
I am confined in a red ribbon engorged with water

Stained with the blood of a dancing statuette
Each tunic possesses a language and each red is differentiated

Volunteers rewrite a melody made of laughter and scalpel sounds
On blotting paper—metaphor in pink halter-top—

Phantom pink less red than the massacred sentence in a marriage of convenience
Mothballs added to the bath water for the most courageous

Notification titled "Method for an Overflowing Body"
Ceiling vanishing into thin air

The forests withdraw from the bathtubs interlacing with other forests
Then singing in the distance "FREE WASHING HERE FOR TANGIBLE GHOSTS"

Poésie-lévitation

Ma vie nage à côté de la réalité dans un flacon de naphtaline
Deux yeux flottants estiment que je dois sortir du « tout ou rien »

Une question de principes le moment ou jamais de rétro-pédaler
Sur un lac bordé de remparts en carton-pâte

Ou bien si les corps sont des ombres, avaler des yeux
La notice explicative sur la théorie du siphon sans filiation

Je couds mes livres j'en fais des oreillers moelleux
Pour y loger des chaises dures

Flanquée d'une demeure écrite, rédigée au pays des échos
Lady Fantôme se pique d'une blague sur un lac de cheveux lissés
  au brushing

La résine de l'ancien temps, son plafond devenu rose fushia
Diva trop maigre faisait sortir sa voix d'un coffre mi-fugue mi-
  raison

En forme d'escalier d'où surgit une petite somnambule
Coiffée avec goût, avançant d'un pas feutré vers la rambarde

Poetry-levitation

My life swims next to reality in a flask of naphthalene
Two floating eyes believe I must escape the "all or nothing"

A matter of principle now or never to backpedal
On a lake bordered by cardboard ramparts

Or else if bodies are shadows, swallow the eyes
The explanatory note on the theory of siphons without filiation

I sew my books I make soft pillows of them
To house hard chairs

Flanked with written houses, drafted in the land of echoes
Lady Phantom is stung by a joke on a lake of straightened hair

Resin of old times, its ceiling turned pink fuchsia
A skinny diva was trying to get her voice out of a half-hearted trunk

In the shape of a staircase from which appears a little sleepwalker
Well-coiffed, advancing with muffled steps towards the railing

Rivière d'éther

Nous buvons un élixir nous nous allongeons sur un sofa de velours

Je me suis glissée dans une auto-biographie

Agrafée à la 263ᵉ page—

Au bord de la rivière d'éther tu es devenue survivante

Tes orteils murmurent des prénoms dans un bocal rempli d'air conditionné

Je veux te revoir te retrouver dans la camisole du premier cyclone autopsié

River of ether

We drink an elixir we lie down on a velvet sofa

I slipped into an auto-biography

Stapled to the 262nd page—

At the edge of the river of ether you became a survivor

Your toes whisper first names in a jar full of cool air

I want to see you again to find you again in the camisole of the first autopsied cyclone

Manège empirique

Tu peux vitrifier la poupée engluée dans ton corps
Je lui ai coupé les cheveux dans une vie antérieure

Elle n'a pas de montre mais te sert de boussole
Tu en fais ton esclave vivante

Une vie de poupée dit-on des yeux qui se détournent
Je dois être ce petit rempart construit en sable par des fourmis
   orphelines

La nouvelle donne : poupée contre tamis
M'attrape avec des doigts blancs vidés de leur sang

Traumas fossiles ou carpette synthétique
Deviens ce hameçon qui permet de tout ramener à toi

Je suis l'eau pailletée dans laquelle je me noie

Si des jambes sans jambes se contorsionnent
Traumas friction devient table de boucher

Empirical merry-go-round

You can vitrify the doll stuck in your body
I cut her hair in a past life

She doesn't have a watch but serves as your compass
You make her your living slave

A doll's life they say eyes turned away
I must be this little rampart built of sand by orphan ants

New order: doll versus sieve
Catches me with white fingers emptied of their blood

Fossils traumas or synthetic carpet
Become this hook that brings everything back to you

I am the glittery water in which I drown myself

If legless legs contort
Traumas friction becomes a butcher's table

Lilith et Cassandre encastrées

Mi prose-poésie posée sur une diva comateuse
Nous sommes des carnivores affalées dans un télésiège à siècles

Le réel s'étale en glu terrestre dans une campagne fantasmée
De dos de profil

Tandis qu'une fausse blonde
              aux yeux vides
            Me poursuit de ses remarques obturées

L'actrice brune construit un discours énigmatique sur les sœurs de mots
Jumelles dizygotes aux ongles vernis noirs Lilith et Cassandre encastrées

J'aimerais être ce marque-page trouvé entre deux poèmes vivants
Habitant ma chevelure et nettoyant mes pensées à l'eau salée

C'est un travail en cours agréé par les soins d'une rivale bénie

Lilith and Cassandra encased

Half prose-poetry laid over a comatose diva
We are starving carnivores on a centuries-old chairlift

Reality spreads out like terrestrial goo in a fantasized countryside
Silhouetted from the back

While a fake blond
           with empty eyes
      Follows me with her one-sided remarks

The brunette actress constructs an enigmatic discourse on sister-words
Dizygotic twins with black nail polish Lilith and Cassandra encased

I would like to be this bookmark found between two living poems
Living in my hair and cleaning my thoughts with salt water

A work-in-progress carefully approved by a blessed rival

Épouses et formes de décibels

Spouses and decibel forms

Cérémonie sans miroirs

Epouses & formes de décibels est un film composé de mes pensées, comme dans un pot de gelée rouge, une tige de phrases est plantée dans chaque fragment écrit

Épouses & formes de décibels est une transe chamanique dont les sons composent la liturgie (ancienne playlist électro devenue pour l'occasion rythmique olfactive)

Pour cette cérémonie sans miroirs je me suis faite émotionnellement cernée par des pastilles d'encens allumées toute la nuit

Épouses & formes de décibels est un roman publié dans mon esprit sur une communauté religieuse où le film d'horreur du soir s'est changé en karaoké pour misophones repentis

Je me vois bien postuler au casting d'*Epouses & formes de décibels* vingt ans après, une comédie grinçante sur les avantages en nature que se donnent les artisans du fake

Les maris se changent en limaces post-victoriennes, il faut tout reprendre à zéro et annoncer un come-back dans des termes affriolants

Je me vois bien devenir la première page des non-dits, revenue à l'instinct primaire, là où l'héroïne dépendante affective questionne une femme sans affect et se retrouve sur le carreau

Épouses & formes de décibels pourrait être une lubie, une façon d'être présente en écrivant le livre dans le sens inverse, lettre après lettre, jusqu'au titre = ~~code introuvable~~

Ceremony without mirrors

Spouses & decibel forms is a film composed of my thoughts, like in a jar of red jelly, a stem of sentences is planted in each fragment written

Spouses & decibel forms is a shamanic trance whose sounds compose a liturgy (an old electro playlist turned into olfactive rhythms for the occasion)

For this ceremony I made myself emotionally beleaguered with incense tablets burning all night long

Spouses & decibel forms is a novel published in my spirit about a religious community where the horror film of the night has turned into karaoke for repented misophones

I see myself trying out for the cast of *Spouses & decibel forms* twenty years later, a dark comedy on the fringe benefits offered by artisans of imitations

The husbands turn into post-Victorian slugs, we must start again from scratch and announce a come-back in alluring terms

I see myself becoming the first page of the unsaids, back to primal instincts, there where the heroine, dependent and emotional questions a woman without emotions and finds herself coming up short

Spouses & decibel forms could be a whim, a way of being present while writing the book from end to start, letter after letter, until the title = ~~code unfound~~

Une société vue par la société devient image-fiction ; monde parallèle serti de portes d'époque à refermer

La diversion, le rythme, le parfum d'ambiance recalé au casting mais diffusé dans la salle des pas perdus

Je pourrais endiguer les *Épouses & formes de décibels* en supposant qu'un cœur en rencontre un autre avec une tirade ligotée entre les deux (mais pas de sarments)

C'est toute la subtilité du poème, réclamer qu'un paragraphe soit une énigme et non un faux en écriture

J'appelais « option mainstream » le texte du réel sans la densité (et non les chutes organisées du quotidien), ces lambeaux de tissus dont on a pas su faire une étole et qui servent d'échantillons

Une fille m'avait poursuivie dans un festival en tant qu'épouse potentielle d'une autre fille énervée, elle fut incapable d'entrer vers un dédale de complexités où chaque décision appartient à sa vestale

Épouses & formes de décibels est le récit augmenté des finalistes sans finale
L'émotion s'affairant dans un tiroir mental (hors de pensée) telle une robe de mariée abandonnée aux mites

J'appelais ça déconvenue ou souricière, décoction spéculatrice, avec des plans serrés sur les gratte-ciels asiatiques

Les Épouses étaient devenues minuscules atteignant la taille des concubines tout ce petit monde glissait maintenant dans les

A society seen by society becomes image-fiction; a parallel world beset with vintage doors to close

Diversion, rhythm, ambient perfume failing at the casting but diffused in the room of lost steps

I could restrain *Spouses & decibel forms* from imagining that a heart meets another with a tirade binding them (but no underpinnings)

Therein lies the subtlety of the poem, demanding that a paragraph be an enigma and not a counterfeit in writing

I called "mainstream option" the text of reality without the density (and not the organized daily falls), these shreds of fabric out of which we did not know how to make a shawl and that serve as samples

At a festival a girl followed me as the potential spouse of another angry girl, she was incapable of going into a maze of complexities where each decision belongs to her chastity

Spouses & decibel forms is the augmented story of finalists without a finale
Emotion busying itself in a metal drawer (outside of thought) like a wedding dress left to be moth-eaten

I called that disappointment or a mousetrap, speculative decoction, with compact maps of Asian sky-scrapers

The Spouses had become minuscule reaching the size of concubines this whole little world was now slipping into the grooves in the floor, impossible to catch with my hands

rainures du plancher, impossible de les rattraper avec mes mains

J'étais longtemps restée assise toute seule sur ma chaise en contemplant chaque fissure s'élargir sous mes chaussures chinoises avec talons plate-forme

Torturée par un fil électrique (pleutre bellâtre sans affect)
C'est la poésie de l'emploi

Petit monde chatoyant de bandes magnétiques
Qui efface les pensées ?

Kamikazes affriolantes bien décidées à tenir leur rôle
Où disparaissent les sœurs dizygotes espionnes des secrets ?

On aimerait bien imaginer un scotch invisible sur la fin du monde
Capable d'absorber plus d'un millier de réactions ésotériques

Il manque une fraction de seconde à ce poème
Qui vide les pots cassés ?

I sat alone for a long time in my chair contemplating each crack
   widening under my Chinese high-heeled platform shoes

Tortured by an electric wire (craven fop without feelings)
The poetry of employment

Little world shimmering with magnetic strips
Who erases thoughts?

Alluring kamikazes determined to keep their part
Where do the secret agent dizygotic twin sisters disappear to?

We would like to imagine invisible scotch tape on the end of the
   world
Capable of picking up more than a thousand esoteric reactions

A fraction of a second of this poem is missing
Who will empty the broken pots?

Essai sur la nature d'une épouse fantôme
(Chorégraphie)

La femme retenue dans ses filets
Sirène amnésique, fil d'appât tissé par Pénélope

Logeant l'un dans l'autre
Mouvements de la femme statufiée

Elle a failli quitter le poème & la pensée en faisant d'un trajet la forme d'un visage
Des comprimés de brume s'arrêtaient net devant la falaise : sauter-ne-pas

Le retour au poème est tapissé d'histoires contiguës
À prendre avec des pincettes assermentées

Il faudra lire et relire les poétesses marquées à vie par le vide
C'est le seul vers solitaire que je régurgite ici

Quitter la pièce en traversant la porte blindée devenue épouse
Elle-même dans un bruit de loquet

Essay on the nature of a phantom spouse (Choreography)

The woman caught in his nets
Amnesiac siren, bait line weaved by Penelope

Lodging one in the other
Movements of the stratified woman

By turning a path into a face she almost left the poem & the thought
Pills of fog stop still before the cliff's edge: jump-do-not

The return to the poem is upholstered with contiguous stories
To be picked with sworn tweezers

We will have to read and re-read the women poets marked by the void
This is the only tapeworm I am regurgitating here

Leaving the room by crossing through the armored door turned spouse
Herself in a latching noise

Je suis figée comme un chemin de fer
Le fait de courir le long d'un arbre posé au sol
Fait de moi une survivante

Lorsque la petite gare en papier surgit des profondeurs
Une forme loufoque s'avance dans la brume tenant un couteau
Je la devine au sommeil des poétesses

Il a fallu recoudre les deux miroirs ensemble
Pièce majeure de ma nouvelle garde-robe

I am stuck like a railroad track
The fact that I'm running beside a befallen tree
Makes me a survivor

When the little paper train station emerges from the depths
A loony figure comes forward in the fog holding a knife
I guess who it is in the slumber of women poets

We had to sew both mirrors back together
An important piece of my new wardrobe

Cassandre à bout portant

J'aurais voulu que mon double s'intéresse à moi
Elle préférait observer les paillettes alentour
Converser avec des êtres sans valeur
Les recevoir dans des cabinets de curiosité

J'ai pour ma part cousu la robe de l'un d'entre eux
Lorsque je retourne dans cette boîte nominée
Pour le Prix des boites vides, j'ai une vue sur l'étang
Avec ses fresques, ses femmes pleines de doutes

Je quitte le laboratoire du doute par une petite porte
Je vois mon double recouvrir de neige rouge une poupée
Entachant la première page de ce livre enfoui
Et la poupée devient blanche vidée de son sang

Les pleurs surgissent de miroirs tendus
Pour une publicité sur un mari partagé en mille morceaux
Les cauchemars se désagrègent
Sous un lit destiné aux amants défiants

Cassandra at point-blank range

I would have liked for my double to take an interest in me
She preferred to observe the surrounding sequins
To converse with meaningless beings
To welcome them in cabinets of curiosities

I sewed a dress for one of them
When I go back into the box nominated
For the Empty Box Prize, I can see the pond
With its frescoes, its women full of doubts

I leave the laboratory of doubt through a small door
I see my double covering a doll with red snow
Staining the first page of this buried book
And the doll drained of blood turns white

Cries emerge from outstretched mirrors
A commercial for a husband broken into a million pieces
Nightmares disintegrate
Under a bed for defiant lovers

Valentine's day moins 1

Ce que les on-dit ne peuvent plus dire
L'irrémédiable trajectoire honnie d'être poétesse
Puisque l'amour lui est déduit

Valentine's day plus 1

Pervers assombrit l'ombre
S'emploie lui-même à son désastre
Dracula vole une façon de s'accoupler

Valentine's day minus 1

What the they-say can no longer say
The incurable and reviled trajectory of being a poet
Since love is deducted from her

Valentine's day plus 1

Pervert darkens the shadow
Applies himself to his own disaster
Dracula steals one way of coupling up

Ce que je vois de toi même si tu es un homme

Fille factice couchée ici dans un pensionnat

Nuisettes & trémolos, rouge sur les lèvres
Sac à main stagnant près de l'oreiller

Les livres sont situés à droite du lit, à gauche on trouve un pupitre vert

« cathédrale vocale pour prose des profondeurs »

« avec une voix sans lèvres »

What I see of you even if you are a man

Artificial girl lying here in a boarding school

Nighties & tremolos, red on the lips
Handbag stagnant near the pillow

The books are sitting to the right of the bed, to the left we find a green desk

> "vocal cathedral for prose from the depths"

> "with a lipless voice"

Script du visible
(Le musée des possibles)

C'est le film que j'aurais voulu réaliser
Je laisse aux mots de ce poème le droit de ne plus fabriquer des poèmes

Je pense être l'idée de moi-même revue et corrigée je pense penser par moi-même
Pensée allongée dans la pénombre comme un récit clignotant

C'est un film sur les musées récalcitrants
L'orthodontie du Phoenix : on lutte—on exige—on répand

« Je suis une idée toute faite vidée de sa vibration » dit-elle
Cette idée m'accompagne partout je suis filmée par l'idée d'une caméra

Au musée des possibles en tant que musée de moi-même
Je fais visiter chaque pièce par mes pensées

Devenir la pensée que tu redécores avec une dée noire de bellâtre pervers à raturer

Petite marquise suintant une évidence
Je suis seule et attachée à ma poésie devenue comptine vertigineuse

Script of the visible
   (Museum of possibilities)

This is the film I would have liked to make
I leave to the words of this poem the right to no longer make poems

I think I am the idea of myself reviewed and corrected I think I think for myself
A thought laid down in the darkness like a story blinking on and off

It is a film on recalcitrant museums
The orthodontia of Phoenix: we fight—we demand—we spread

"I am a neatly formed idea void of its vibration," she says
This idea accompanies me everywhere I am filmed by the idea of a camera

At the museum of possibilities as a museum of myself
I give visits of each room altered by my thoughts

Becoming the thought you redecorate with the dark idea of a perverted dandy you scratch out

A little marquise exuding obviousness
I am alone and attached to my poetry turned vertiginous nursery rhyme

Jalousie sans jalousie
(Poème objectif)

Pour R. Judas-extincteur

Il y a une fille sans visage
Qui grelotte sur la grève
Je la filme je lui donne à manger des orties
Elle veut prendre ma place

Fille moins fille qu'une dragée d'arsenic
Recouverte de suie
Grimaçante aux cheveux rares
Modelant un nouveau visage nourri de vipères

Fille moins fille cet amuse-gueule
Aux yeux révulsés pour véranda panoramique
La jambe de Judas
Ou l'équerre mal redressée

Jealousy without jealousy
(Objective poem)

for R. Judas-extincteur

There is a faceless girl
Who shivers on the shore
I film her I feed her nettles
She wants to take my place

Girl less girl than an arsenic-sugared almond
Covered with soot
Grimacing with strange hair
Modeling a new face made up of vipers

Girl less girl this finger food
With revolving eyes for a panoramic veranda
The leg of Judas
Or a slanted set-square

Auto-biographie du manque

C'est un masque de beauté
Retrouvé devant une fausse piscine en plastique
Trop remplie prête à exploser
Qui finit par s'écrouler sur le côté
La baigneuse rousse est cachée par la masse
D'eau déversée elle sait qu'on la poursuit
Elle a demandé à être poursuivie
Sans arrêt par une musique lancinante
Une petite voix ferme
Avec des lèvres pulpeuses de fille éjectée
Répétant un mantra auto-persuasif :
Adorer te poursuivre
Adorer te poursuivre
Adorer te poursuivre
Adorer te poursuivre

C'est la poursuivante suivante qui survit
Et s'empare de l'intérieur de la poursuivie

Auto-biography of absence

It is a beauty mask
Found in front of a fake plastic pool
Too full ready to explode
That ends up overflowing on the side
The red-headed bather is hidden by the mass
Of water spilled she knows they are following her
She has asked to be followed
Non-stop by haunting music
A little stern voice
With luscious ejected girl lips
Repeating a self-persuasive mantra :
Love chasing you
Love chasing you
Love chasing you
Love chasing you

It is the next stalker who survives
And snatches the insides of the stalked

Terminaison nerveuse & somnambulisme

Pour Taeko Kono

L'enfant est posé sur une ex-Coréenne en plein sermon
Mais Taeko est japonaise
L'enfant ne la voit pas—toujours—
Ou bien il la voit dans sa propre cornée
—Elle finit par le hanter en marchant très vite en direction de sa pupille—

Il vit sur une île située à l'opposé de la ville « en décalage avec la vie et les objets »
Je suis une petite liane de feuilles tressées partie à sa recherche
Ou une fissure sur le ciment
Suivie par une lampe de poche

Dans un souterrain rempli de liquide amniotique
La conscience est un musée portatif de soi-même

Mes facettes japonaises et coréennes sont baignées dans un bassin d'eau salée

Nerve ending & somnambulism

for Taeko Kono

The child is in the lap of an ex-Korean woman in the middle of a sermon
But Taeko is Japanese
The child does not—always—see her
Or perhaps he sees her in his own cornea
—She winds up haunting him by walking very quickly in the direction of his pupil—

He lives on an island located on the opposite side of the city "out of step with life and objects"
I am a little vine of braided leaves gone off in search of him
Or a crack in the cement
Followed by a flashlight

In an underground full of amniotic fluid
Consciousness is a portable museum of itself

My Japanese and Korean sides are bathed in a bucket of salty water

À l'intérieur de la gencive se produisent des mini-scénarios
La rencontre entre une baignoire pleine d'eau chaude et nos
   pupilles flottantes

Ta langue sur ma langue comme deux poissons rouges
Dans un bocal rempli de dents coupantes

Je resserre mes cuisses sur la partie charnue du moi qui t'échappe

Inside my gums mini-scenarios are produced
A meeting between a bathtub full of hot water and our floating pupils

Your tongue on my tongue like two goldfish
In a bowl full of sharp teeth

I squeeze my thighs together at the fleshy part of me that escapes you

La vierge au miroir

Tu as ingurgité des filaments de non-dits que tu égrènes comme
　un chapelet
À chaque respiration tu recraches les tabous de ton enfance

La vierge au miroir te sert de gilet pare-balle
Les non-dits s'épaississent jusqu'à ne plus pouvoir être avalés

Je suis la vierge émulsionnée qu'on démonte avec un cœur en
　forme de pieu
Poétesse en kit composant un poème sous vos yeux

Donnez-lui à manger des entités elle vous procurera amour et
　fidélité

Chaque vierge boit le sang d'un miroir plein de trous reflétant un
　couple reflétant un couple reflétant un couple

Puis le couple se reflète dans une anti-chambre sectionnée

The virgin in the mirror

You have ingested filaments of the unsaids you shell like a rosary
With each breath you spit out the taboos of your childhood

The virgin in the mirror serves as your bullet-proof vest
The unsaids thicken until they can no longer be swallowed

I am the emulsified virgin with a heart in the shape of a stake we take apart
Self-assembled poet composing right before your very eyes

Feed him entities she will procure you love and fidelity

Each virgin drinks blood from a mirror of holes reflecting a couple reflecting a couple reflecting a couple

Then the couple is cast back in a severed foyer

Author and Translator Bios

Sandra Moussempès was born in 1965 in Paris. She is the author of 14 books, most recently *Sauvons l'ennemie* (Flammarion 2025), *Fréquence Mulholland* (Éditions MF 2023), *Cassandre à bout pourtant* (Flammarion 2021), *Cinéma de l'affect (Boucles de voix off pour film fantôme)* (Éditions de l'Attente 2020), *Colloque des télépathes & CD Post-Gradiva* (Éditions de l'Attente 2017), and *Sunny girls* (Poésie/Flammarion 2015). She was the recipient of Prix de Rome at Villa Médicis, Rome, and the Théophile Gauthier Prize from the French Academy for *Cassandre à bout portant*. Her poetry engages with tensions felt by the somatic and psychic mind, the cinematic and haunted image, the void and distension of femininity, and the multi-vocal and isolated narrative, to name a few.

Additionally, a performance artist, she uses her sung voice to give atmosphere to her readings, summoning a form of hypnosis. She has released four sound poetry albums and has performed at many venues and festivals, including the Centre Pompidou, the Louis Vuitton Foundation, MAMCO in Geneva, and the University of Cambridge. In 2017, she was a finalist for the Bernard Heidsieck-Centre Pompidou International Prize for Literature. She regularly facilitates creative writing workshops at universities, in art schools, or in middle schools in low-income neighborhoods. She lives in Paris and is the mother of a son.

Carrie Chappell is the author of *Loving Tallulah Bankhead* (Paris Heretics 2022) and *Quarantine Daybook* (Bottlecap Press 2021). Some of her recent poems have been published in *Birdcoat Quarterly*, *Iron Horse Literary Review*, *Nashville Review*, *Redivider*, and *SWIMM*, and her essays have previously appeared in *DIAGRAM*, *Fanzine*, *New Delta Review*, *The Iowa Review*, *The Rumpus*, *The Rupture*, and *Xavier Review*. She holds an MFA from the University of New Orleans' Creative Writing Workshop and, presently, teaches English as a Foreign Language at Conservatoire national des arts et métiers (CNAM). Each spring, she curates *Verse of April*, of which she is the founder, and one of her newest ventures is writing *Spiritual Material: Musings from My Second-Hand, Parisian Wardrobe*, which she hosts via Substack. As a current doctoral student in French Literature at CY Cergy Paris University, Carrie is working on a research-creation project around the poetic novels of Hélène Bessette.

Dr. Amanda Murphy is Associate Professor of English and Translation Studies at the Sorbonne Nouvelle University in Paris. She holds a PhD in Comparative Literature from the Sorbonne Nouvelle University and specializes in experimental literature and its translation. Her publications include articles on authors such as Theresa Hak Kyung Cha, Katalin Molnár, and Raymond Federman and the monograph *Écrire, lire, traduire entre les langues: défis et pratiques de la poétique multilingue (Reading, Writing, Translating: Challenges and Practices of Multilingual Writing)*, Classiques Garnier, 2023. She has also published literary critiques in *En attendant Nadeau* and translated works of literary criticism including *Borges* by Julio Premat (Vanderbilt University Press, 2021).

DIÁLOGOS
NEW ORLEANS
DIALOGOSBOOKS.COM

www.ingramcontent.com/pod-product-compliance
Lightning Source LLC
Chambersburg PA
CBHW020235170426
43202CB00008B/95